Tom Graves

Pendeln

Edition Roter Löwe

Der rote Löwe verkörpert die belebende, antreibende
Energie von Sulfur, einem der Grundelemente im alchimi-
stischen Transmutationsprozeß. Sulfur ist die Kraft, die
verändert, veredelt und auf eine höhere Ebene bringt. Ziel
dieser Edition ist es, esoterisches Wissen und Erkenntnisse
aus der transpersonalen Psychologie verständlich und
komprimiert darzustellen und damit ganz persönliche
Wandlungsprozesse in Gang zu bringen. Alle Bücher enthalten Übungen und Anleitungen für die praktische
Arbeit.

In derselben Reihe:
Alchimie
Die Göttin
Der heilige Gral
Naturmagie
Psychosynthese
Ritualmagie
Sufi-Praxis
Visualisieren

Tom Graves

Pendeln

Edition Roter Löwe im
AURUM VERLAG · BRAUNSCHWEIG

Die englische Originalausgabe erschien 1989 unter dem
Titel »The Elements of Pendulum Dowsing« im Verlag
Element Books Ltd., Longmead, Shaftesbury, Dorset.

Ins Deutsche übersetzt und mit einem Vorwort von
Matthias Schossig.

Mit 10 Zeichnungen von Maja Evans.
Gesamtgestaltung: Sabine Schönauer-Kornek.
Umschlagfoto: Studio Druwe/Polastri, Weddel.

Die Deutsche Bibliothek – CIP-Einheitsaufnahme

Graves, Tom:
Pendeln / Tom Graves. [Übers.: Matthias Schossig]. –
Braunschweig : Aurum-Verl., 1992
(Edition Roter Löwe)
Einheitssacht.: The elements of pendulum dowsing <dt.>
ISBN 3-591-08320-8

1992
ISBN 3-591-08320-8
© 1989 Tom Graves
© der deutschen Ausgabe
1992 Aurum Verlag GmbH, Braunschweig
Alle Rechte vorbehalten.
Gesamtherstellung:
Chemnitzer Verlag und Druck GmbH, Zwickau

Inhalt

Vorwort des Übersetzers

Dieses Buch ist kein gewöhnliches Buch über das Pendeln. Am Ende haben Sie die Möglichkeit, alles, was Sie mit dem Pendel erreicht haben, auch ohne das Pendel zu tun, mit Hilfe Ihrer eigenen Intuition.

Das Pendeln hat in Deutschland eine lange Tradition. Während der Übersetzung dieses Buches habe ich erfahren, daß meine Großmutter das Pendel professionell zur Selektion von befruchteten Gänseeiern einsetzte. Sie selbst hatte es von ihrer Großmutter gelernt...

Pendeln ist sicher eine spannende Freizeitbeschäftigung, aber dieses Buch geht weit darüber hinaus. Der Gebrauch des Pendels kann uns lehren, Entscheidungen mit Sicherheit und Intuition zu treffen und von den subtilen Kräften unseres Unterbewußtseins im Alltag Gebrauch zu machen. Dabei hat es überhaupt nichts Mysteriöses, im Gegenteil: Selten sieht man ein Thema auf so lockere und gleichzeitig so kompetente Weise behandelt wie in diesem kleinen praktischen Exkurs über ein rätselhaftes Thema.

Viel Vergnügen!
Matthias Schossig

9

für
Alex Champion,
Nicolas Finck
und
(besonders)
Sig Lonegren,
der auf einer Seite des Wassers
alles ausgelotet hat,
und für Jan,
der auf der anderen
zu lange gewartet hat.

EINLEITUNG

Wo sollen wir anfangen?

Ein Pendel ist ein Suchwerkzeug, ein Mittel, um auf eigene Faust Unbekanntes zu erforschen. Ein Ring an einer Schnur, der hin und her schwingt wie das Pendel einer alten Wohnzimmeruhr. Es ist ein faszinierendes und vor allem nützliches Werkzeug.

Vielleicht fragen Sie sich schon jetzt, gleich am Anfang des Buches: »Und was soll ich damit?« Darauf läßt sich in aller Kürze antworten, daß der Vielseitigkeit eines Pendels in der Tat kaum Grenzen gesetzt sind. Es kann in so vielen verschiedenen Bereichen auf so interessante Weise eingesetzt werden, daß man ohne Übertreibung sagen kann, das Pendel ist ein Werkzeug, mit dessen Hilfe man beinahe alles finden kann. Dabei brauchen Sie nichts weiter als ein Stück Schnur, ein Gewicht und etwas Überlegung (vielleicht, genauer gesagt, etwas gesunden Menschenverstand). Sonst nichts.

Das Pendel ist in der Tat so vielseitig, daß viele Menschen darin die Antwort auf sämtliche großen, noch ungelösten Fragen gesehen haben. Vielleicht steckt ja tatsächlich das große Geheimnis unserer Vorfahren dahinter, und möglicherweise wird das Pendel auch in Zukunft die Wissenschaft noch beschäftigen. Den wirklichen Wert des Pendels kann man jedoch nur dann erfahren, wenn man es selbst ausprobiert.

»Studiere das Pendel, und du wirst die Erleuchtung erlangen...« In unserem Buch werden Sie derartige Sprüche vergeblich suchen. Statt dessen werden Sie eine ausführliche Beschreibung finden, was alles zu einem kompletten Pendelkit gehört, was Markierungen und Anhaltspunkte sind, was positiv und negativ für das Pendeln bedeutet. Sie werden etwas über den Unterschied zwischen Zufall und Koinzidenz erfahren, über Phantasiewelten, erfundene Wirklichkeiten, Pendelspiele und Wasseradern. Wofür können wir nun das Werkzeug des Pendels einsetzen? Der eigentliche Wert des Pendels (und auch der Wünschelrute, einer Variation des Pendels) besteht in seiner Anwendung. Nichts ist nützlich, wenn man es nicht gebrauchen kann.

»Gebrauchen«, das klingt nach machen, nach Technik und Technologie. Genau darum handelt es sich beim Pendeln: um eine Technologie mit einer Prise Magie. In mancher Hinsicht sogar um eine Technologie der Magie, auf jeden Fall eine magische Technologie. In Ihrer Beschäftigung mit dem Pendel treffen Magie und Technik zusammen, sie erhalten durch Sie ihre Funktion, *sie werden durch Sie zur Wirklichkeit*.

In gewisser Hinsicht ist es also doch nicht so verrückt zu sagen: »Gebrauche das Pendel, und du wirst Erleuchtung erlangen.« Solche Erwartungen sind jedoch wahrscheinlich etwas zu hoch gesteckt. Vielleicht wäre es realistischer zu sagen, daß Ihnen durch das Pendel »einige Lichter aufgehen« können. Wenn Sie erst einmal die Fertigkeiten, die beim Pendeln gebraucht werden, erworben haben und sich durch einige geistige Akrobatik und andere verwirrende Dinge, die Ihnen auf Ihrem Weg begegnen werden, hindurchgearbeitet haben, dann werden Sie gleichzeitig auch eine ganze Menge über sich selbst gelernt haben. Das allein ist schon ein guter Grund zu lernen, mit einem Pendel umzugehen. Es gibt nur wenige Gegenstände, an denen Sie sich selbst und Ihre Weltsicht so gut erkennen können.

All das wird jedoch erst dann einen Sinn ergeben, wenn Sie wirklich Gebrauch davon machen, wenn Sie über graue Theorie und Buchwissen hinausgehen und die praktischen

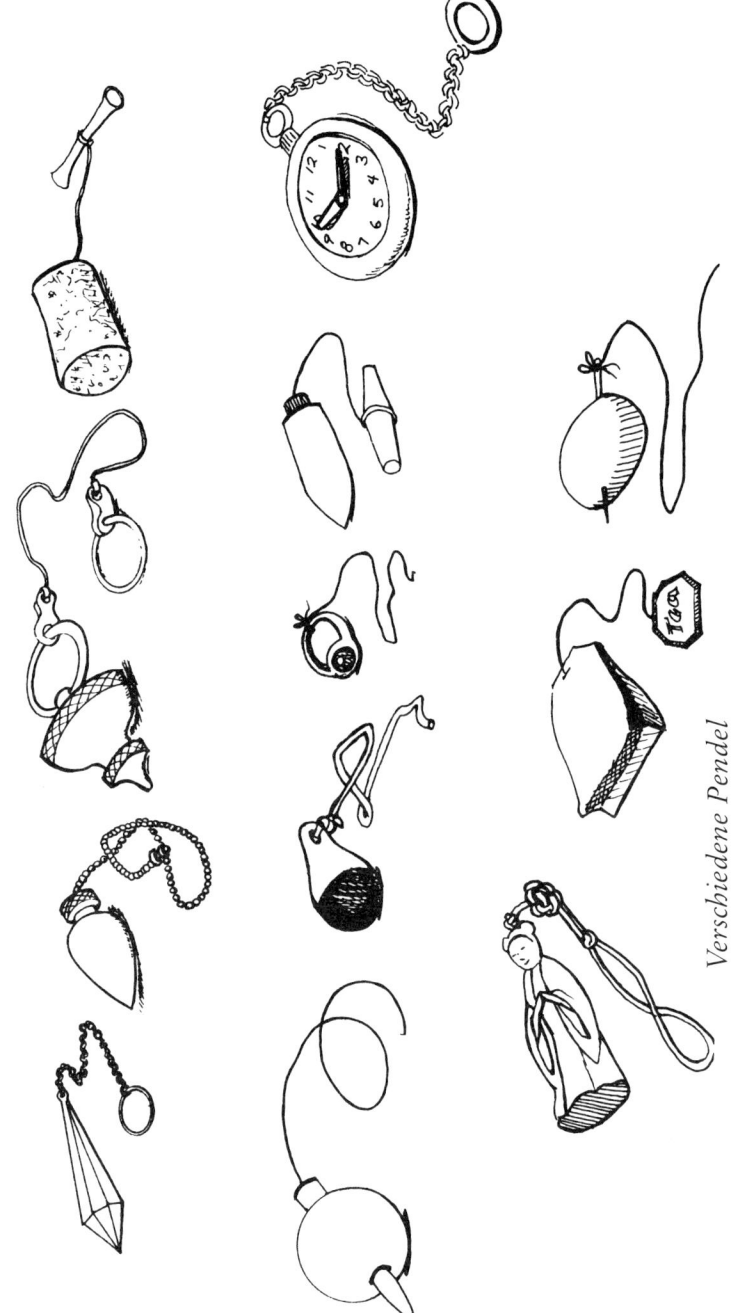

Verschiedene Pendel

Anwendungen des Pendels selbst erkunden. Die Praxis ist der Inhalt des vorliegenden Buches. Falls Sie sich dafür interessieren sollten, können Sie getrost weiterlesen.

Was ist ein Pendel?

Sie können fast alles als Pendel gebrauchen. Alles, was Sie benötigen, ist ein Gewicht an einer kurzen Schnur oder vielleicht an einer Spirale. Nichts weiter.

Das Pendel ist ein Thema mit vielen Variationen. Eine traditionelle Form ist der Ring am Zwirnsfaden. Ich habe Teilnehmer an einem Pendellehrgang gesehen, die die verschiedensten Pendel verwendeten, von einem winzigen weißen Plastikelefanten bis zu einem vier Pfund schweren tönernen Gartenzwerg an einem Hanfseil (der jedoch im Lauf des Lehrgangs mit einer Wand zusammenstieß und auf eine hundertfünfzig Gramm schwere Scherbe reduziert wurde, aber das ist eine andere Geschichte). Der Normalfall ist jedoch die Verwendung eines kleinen ausbalancierten Gewichtes, etwa eines bleiernen Maurerlots.

Den Gebrauch des Pendels kann man leicht allein zu Hause erlernen. Es ist lange nicht so schwierig (und daher auch weniger unangenehm) zu lernen wie die Suche nach Wasser mit Hilfe einer Wünschelrute, dem traditionellen Werkzeug des Mantikers.

Um ein Pendel zu benutzen, braucht man es nur vor- und rückwärts schwingen zu lassen. Indem Sie die Bewegungen des Pendels deuten, können Sie Antworten auf sämtliche Fragen finden, die Sie ihm stellen wollen. Auf den ersten Blick mag das beinahe lächerlich einfach erscheinen: Ein Stück Blei soll Fragen beantworten können? Als nächstes sollen wir vielleicht aus dem Kaffeesatz lesen? Die Pseudowissenschaft des Orakelns ... alles Unsinn!

Wie wahr! Ich habe jedoch den Gebrauch eines Pendels

nicht als Wissenschaft, sondern als Technik bezeichnet. Da gibt es meiner Meinung nach einen riesigen Unterschied. Wir brauchen nicht genau zu wissen, wie ein Pendel funktioniert. Wie bei jeder anderen Technologie müssen wir nur wissen, wie man sie anwendet – was etwas völlig anderes ist, als wie sie funktioniert. In der Tat werden wir später sehen, daß die genaueste Beschreibung der Funktionsweise des Pendels darin besteht, zu sagen, daß es völlig auf dem Zufallsprinzip und zum überwiegenden Teil auf Einbildung beruht. Wenn Sie das Pendeln als Wissenschaft ansehen, dann ist diese Aussage kaum vertrauenerweckend. Wir werden jedoch sehen, daß sie trotzdem zutrifft.

Der Schlüssel zu allem liegt in dem Wort »deuten«, beziehungsweise verstehen, entschlüsseln oder auslegen, was alles mehr oder weniger dasselbe ist. Die Pendelbewegungen als solche bedeuten überhaupt nichts, sie müssen entsprechend dem Zusammenhang ausgelegt werden. Der Gebrauch des Pendels dreht sich im wesentlichen darum, aus einem riesigen Dickicht von Informationen etwas Sinnvolles zu machen, eine Bedeutung aus einem oft chaotischen Knäuel verschiedener Möglichkeiten zu gewinnen. In Wirklichkeit macht das Pendel selbst überhaupt nichts: Sie tun es. Das Pendel reflektiert Ihre eigenen subtilen Entscheidungen auf eine Weise, die Sie sehen, fühlen und spüren können. Dadurch können Sie in der Praxis lernen zu urteilen, zu unterscheiden, Geschmack zu entwickeln – und, was noch wichtiger ist, Sie erfahren, worin Ihre eigenen intuitiven Entscheidungen bestehen. Der Gebrauch eines Pendels ist, wenn Sie so wollen, die Rückführung der Technologie auf das, was sie einmal war: Magie. Sie lernen, wie Sie merken, wenn Sie etwas mit Sicherheit wissen.

Wozu braucht man ein Pendel?

Mit einem Pendel kann man Fragen beantworten und, im selben Atemzug, Antworten wiederum in Frage stellen. Es kann also für alles verwendet werden, womit Ihnen durch Fragen und Antworten geholfen werden kann, vom Finden eines verlorenen Schlüssels bis zum Finden eines Irrtums in einem Computerprogramm, von Wasseradern bis zur Krankheitsdiagnose, für (fast) alles, was Sie sich denken können. es liegt ganz in Ihrer Hand.

Die Antworten des Pendels neigen dazu, sich auf »Ja« oder »Nein« zu beschränken. Vielleicht, wenn man es ein wenig weiter treibt, wird es uns auch eine Zahl oder eine Richtung angeben, aber mehr kann ein Computer eben nicht. Innerhalb dieses engen Spielraums kann man dem Pendel und auch dem Computer jedoch eine ganze Menge beibringen. Der Trick besteht darin, die Frage so zu stellen, daß ein »Ja« oder ein »Nein« einen praktischen Sinn ergibt. Wir werden sehen, daß es relativ leicht ist, eine Antwort zu bekommen, die Schwierigkeit liegt darin, eine brauchbare Frage zu formulieren.

Ebensogut könnte man sagen, daß die Spiele mit dem Pendel nichts als inspirierte Vermutungen sind – das Pendel als Methode, die Inspiration zu verbessern. Überall, wo Sie sich auf ein intuitives Urteil stützen können, ist der Gebrauch des Pendels eine mögliche Hilfe, denn es kann dem Entscheidungsprozeß eine besondere Form geben und ihn zuverlässiger und deutlicher machen – zumindest nach einiger Erfahrung. Doch um diese Erfahrung dreht es sich ja in diesem Buch.

Wie funktioniert ein Pendel?

Jeder fragt, wie es funktioniert. Die kürzestmögliche Antwort ist: »Ja, es funktioniert!« Jedenfalls manchmal. Mit zunehmender Praxis immer besser. Nächste Frage?

Ich bin mir darüber im klaren, daß ich es mir hier vielleicht ein wenig zu einfach mache. Tatsächlich ist man jedoch seit langer Zeit, mit Hilfe zahlreicher wissenschaftlicher Studien, auf der Jagd nach einer Antwort auf die Frage, wie Wünschelruten und Pendel funktionieren. Dabei hat man sich jedoch in wunderschöner Regelmäßigkeit immer wieder in interessanten, aber ständig wiederkehrenden Kreisen bewegt. Wir wissen es einfach nicht, und es weist alles darauf hin, daß wir es niemals wissen werden.

Wichtiger ist jedoch, daß wir überhaupt nicht zu wissen brauchen, wie es »wirklich« funktioniert, weil wir ein solides Verständnis davon haben, wie es angewendet werden kann. Auch hier geht wieder die Technik der Wissenschaft vor. Natürlich werden wir von Zeit zu Zeit einen Blick auf die Theorie werfen, jedoch lediglich in der Absicht, sie dazu zu benutzen, uns weitere Möglichkeiten zu zeigen, wie wir das Pendel einsetzen können. In der Praxis ist dies das einzige, worauf es ankommt.

Wenn Sie wirklich wissen wollen, wie es funktioniert, dann hören Sie auf, über das Pendel zu reden, und benutzen es. Dann werden Sie es wissen. Vielleicht. Aber lassen Sie sich nicht abschrecken, denn wenn Sie es nicht selbst in die Hand nehmen, dann können Sie noch soviel theoretisieren, es wird niemals etwas dabei herauskommen. Übung macht zwar nicht in jedem Fall einen Meister, aber mehr Sinn als bloße Theorie allemal.

Die Grundbegriffe

Die Wahl des Pendels

Bevor Sie ein Pendel benutzen können, müssen Sie selbstverständlich erst einmal eines zur Hand haben.

Mechanisch betrachtet, sollte das ideale Pendel aus einem symmetrischen Gewicht bestehen, vorzugsweise etwas, das einer Kugel ähnelt, jedoch mit einer Spitze am Ende und mit einem Faden, der mitten an der Spitze befestigt ist. Es sollte das Gleichgewicht am Ende des Fadens gut halten können und nicht wackeln, wenn Sie es hin und her schwingen.

Es gibt »esoterische« oder »New Age«-Läden, in denen fertige Pendel verkauft werden, die diesem Ideal nahekommen – wunderschöne Kristalle, wohldurchdachte Bronze- oder Silberlote und spezielle Pendel zum Kartenpendeln mit der richtigen Kettenlänge. Es gibt das gewöhnliche Senkblei, mit dem der Maurer die Wände ins Lot bringt, aber auch seltsame Konstruktionen wie das »Pasquinische Verstärkungspendel« mit hohlem Griff und einem winzigen Gewicht am Ende einer kleinen Spirale, das ein wenig so aussieht wie ein Miniaturdegen. Oder das »Cameron Aurameter«, das zwischen Spiralen in Seitwärts- statt Auf- und Abwärtsschwingungen versetzt wird, und noch viele andere. Alle diese Konstruktionen haben natürlich ihren Preis.

Sie können jedoch genausogut Ihr eigenes Pendel bauen. Es muß nicht gleich ein ideales Pendel sein, und es braucht auch gar nichts Besonderes zu sein. Das Pendel, das ich als Teenager für meine ersten Experimente verwendete, war ein hölzerner Spielzeugsoldat, dem ich ein Streichholz in den Kopf steckte, um daran einen Faden zu befestigen. Es hatte so gut wie keine Balance, aber es funktionierte. Man kann beinahe jeden Gegenstand, den man mit der Hand hin und her schwingen kann, nehmen. Ich habe sogar schon einen Schlüsselbund und einen Badewannenstöpsel an seiner Kette genommen. Der Gegenstand muß nur frei und leicht an der Hand hängen. Solange das Pendel sich nicht in sich selbst verfängt oder vom Wind weggeblasen wird, wird es wahrscheinlich funktionieren.

Vielleicht braucht ein Pendel dennoch etwas Besonderes, zumindest, was Ihre innere Einstellung dazu anbelangt. Wie jedes Werkzeug kann auch das Pendel für seinen Besitzer eine wichtige Bedeutung bekommen. Es kann für ihn mehr sein als ein bloßes Werkzeug, etwas höchst Persönliches, das einen eigenen Charakter zu entwickeln scheint. Ein Teil davon ist sicher Magie. Ein wertloses Schmuckstück, wie der oben erwähnte weiße Plastikelefant, ein Ohrring, ein Kruzifix oder ein Henkelkreuz – selbst wenn diese Gegenstände keine idealen Pendel sind, so sind sie doch mehr für Sie als ein beliebiger Gegenstand, sie gehören sozusagen zu Ihnen. Eine kleine Überdosis Magie ist hier keine schlechte Idee. Wenn Sie bei einem Gegenstand das Gefühl haben, er könnte ein Pendel sein, dann trifft es wahrscheinlich auch zu.

Wie halte ich das Pendel?

Wenn Sie erst einmal Ihren Ring an der Schnur oder Ihr sonstwie geartetes persönliches Pendel in der Hand halten, dann sollten Sie versuchen, es so zu halten, daß es frei unter Ihrer Hand schwingen kann. Ohne das freie Hin- und Herschwingen wird – oder vielmehr kann – das Pendel überhaupt nichts tun.

Halten Sie den Faden zwischen Zeigefinger und Daumen (gleich welcher Hand). Wickeln Sie den Faden dabei

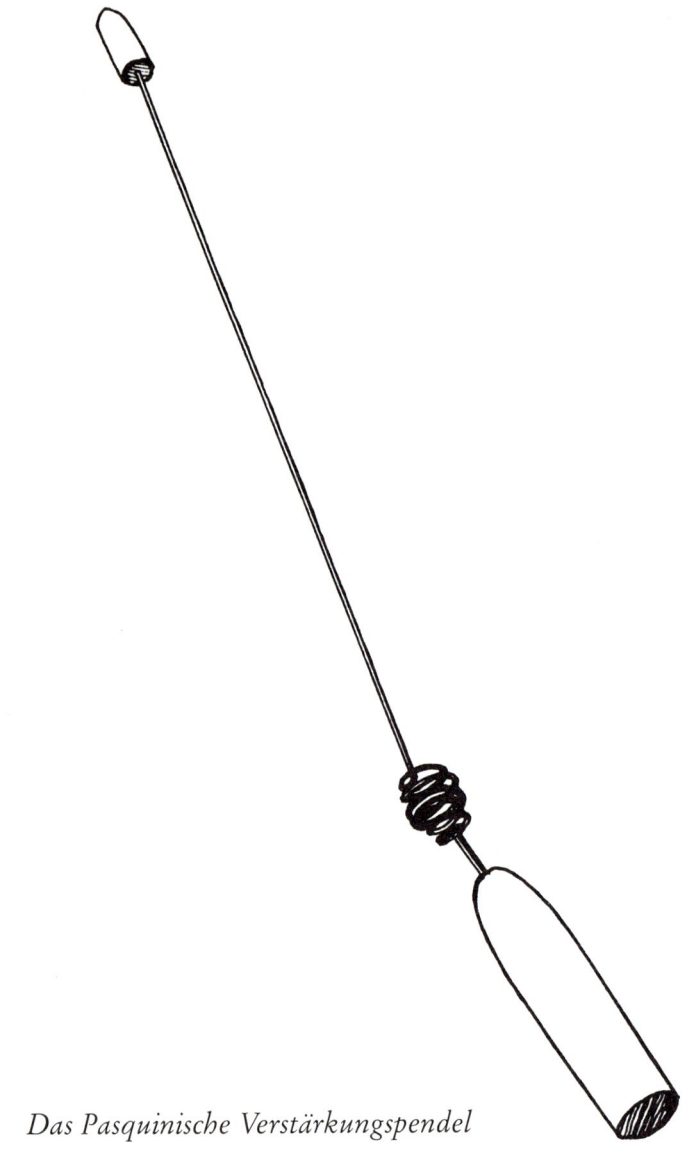

Das Pasquinische Verstärkungspendel

nicht um Ihren Finger, sondern halten Sie ihn mit der Hand locker nach unten hängend zwischen Ihren Fingern. Lassen Sie den Faden locker herunterhängen, so wie Sie einen etwas unappetitlichen Wurm zwischen den Fingern halten würden. Der Faden sollte normalerweise von Ihren Fingerspitzen bis zur Befestigung am Gewicht etwa fünfzehn bis zwanzig Zentimeter lang sein. Wenn der Faden länger ist, achten Sie darauf, daß er sich nicht mit dem Pendel verfängt und um die anderen Finger wickelt. Das sind jedoch keine starren Regeln – es gibt keine starren Regeln –, es sind lediglich praktische Tips, die bei den meisten Menschen, die sich mit dem Pendel beschäftigen, funktionieren. Wenn Sie es anders machen, wird das Pendel sich, schon aus mechanischen Gründen, wahrscheinlich beim Gebrauch auf völlig chaotische Weise bewegen. Wenn Sie meinen, daß Sie eine andere Methode ausprobieren sollten, dann tun Sie das. Auf jeden Fall ist es gut, das Pendel auf unterschiedliche Weise zu halten, zu experimentieren. Spielen Sie mit verschiedenen Möglichkeiten und finden Sie heraus, was Ihrer Meinung nach am besten funktioniert. Es ist Ihr Pendel, nicht meins.

Bevor wir fortfahren, möchte ich eine Randbemerkung über die Länge des Pendels machen. In einigen Büchern über das Pendeln, zum Beispiel in der wundervollen Serie von Tom Lethbridge, wird vorgeschlagen, die Länge des Fadens nach dem Gegenstand zu richten, den man sucht. Wenn Ihnen diese Vorstellung bereits geläufig ist, ist das kein Problem, aber wir wollen solche Überlegungen vorerst beiseite lassen und später darauf zurückkommen. Im Augenblick ist es einfacher, das Pendel so kurz wie möglich zu halten. Die Länge ist in erster Linie wichtig für die Balance des Pendels. Ein schweres Gewicht braucht einen Faden von zwanzig Zentimetern Länge oder mehr, besonders wenn man das Pendel im Freien benutzen will. Ein kleines, leichtgewichtiges Pendel hingegen braucht unter

Umständen nur einen Faden von drei bis fünf Zentimetern Länge. Es sollte sich auf jeden Fall gut anfühlen, wenn es an Ihren Fingern hängt und schwingt. Sie sollten den Eindruck haben, daß es sich von selbst bewegt und nicht von Ihnen bewegt zu werden braucht. Das werden Sie jedoch erst im Experiment richtig herausfinden. Die Theorie ist für Sie da, wenn Sie sie brauchen, wichtiger ist jedoch in jedem Fall, wie es sich für Sie in der Praxis anfühlt.

Der Gebrauch des Pendels – Die Grundlagen

Eigentlich könnten wir jetzt sofort zur Tat schreiten und das Pendel benutzen. Eines sollten wir jedoch vorher noch wissen: *Das Pendel tut genau das, was Sie ihm sagen.* Es bewegt sich nur, weil Ihre Hand sich bewegt. Ihre Hand macht als Reflex auf irgend etwas eine Bewegung. Sie bewegt sich, weil Sie es ihr sagen, bewußt, unbewußt oder auf irgendeine andere Weise. Sie wird niemals etwas aus eigenem Antrieb unternehmen. Sie ist nichts von Ihnen Getrenntes, sondern ein Teil von Ihnen.

Das Pendel ist wie ein Computerprogramm: Es tut genau das, was Sie ihm sagen. Letztlich sind Sie es, der seine Reaktionen programmiert. Sie programmieren Ihre Hand, diese Reaktionen zu zeigen. Wie bei einem Computerprogramm kommt es dabei auf den Inhalt des Programmes an, was diese Reaktionen bedeuten. Es kann eigentlich gar nichts schiefgehen, denn es gibt nichts, was schiefgehen könnte. Das einzige, was passieren kann, ist, daß Sie etwas falsch programmieren.

Theoretisch ist es ausgeschlossen, daß die Computerprogramme, die ich schreibe, sich irren. Sie können niemals von sich aus einen Fehler machen, denn eine Maschine kann nur tun, was man ihr sagt. Aber ich kann sehr wohl Fehler machen, wenn ich das Programm schreibe, und ich bekomme dann Reaktionen, die überhaupt keinen Sinn ergeben. »Dieses Programm hat genau das getan, was ich ihm gesagt habe. Was, um Himmels willen, habe ich ihm denn bloß gesagt?« Dasselbe gilt für das Pendel: »Dieses Pendel hat genau die Reaktion gezeigt, die ich erwartet habe. Was habe ich denn bloß erwartet?« Wie ich bereits gesagt habe, ist es nicht schwer, eine Antwort zu bekommen. Die richtige Frage zu finden ist die Schwierigkeit.

Mit einem Pendel tun wir eigentlich nichts weiter, als einen Rahmen zu stecken, innerhalb dessen eine Reflexreaktion stattfinden kann. Das ist im Prinzip nichts anderes, als wenn wir unseren rechten Fuß dazu trainieren, beim Autofahren auf eine plötzlich auftretende Gefahr mit Bremsen zu reagieren. Das Drücken der Bremse ist – oder sollte zumindest sein – eine völlig reflexartige Reaktion. Es ist jedoch ein erlernter Reflex, der darüber hinaus am besten funktioniert, wenn er völlig unbewußt und automatisch abläuft, anstatt jedesmal, wenn wir Auto fahren, wieder aufs neue bedacht werden muß. Dasselbe gilt für das Pendel: Sein Gebrauch ist eine erlernte Reflexreaktion, die am besten funktioniert, wenn man vergißt, daß sie da ist. Es ist eine Fertigkeit, die man durch praktisches Üben und nicht durch Theorie erlernt. Damit wären wir wieder bei der Praxis.

Sprechen Sie mit Ihrem Pendel!

Obwohl ich gerade die These vertreten habe, daß ein Pendel genau das macht, was Sie ihm sagen, werde ich nun das völlige Gegenteil behaupten. Wir werden davon ausgehen, daß das Pendel ohne unser bewußtes Zutun, ganz von selbst, funtioniert. Auf diese Weise können wir es nutzen, um unsere unbewußte Reaktion auf Fragen auf eine persönliche Ebene zu bringen. Das Problem mit unbewußten

Reaktionen ist nämlich, daß sie wirklich *unbewußt* sind, das heißt, wir müssen eine Möglichkeit finden, sie ans Licht zu bringen und sichtbar zu machen, damit wir sehen können, worin sie bestehen. Genau dazu brauchen wir das Pendel. Wir machen das Unbewußte sichtbar, und das Pendel dient uns als Hilfsmittel, um unser Unbewußtes als das zu erkennen, was es ist.

Ein einfacher, aber wirksamer Trick ist, mit dem Pendel so zu sprechen, als ob es selbst ein vernunftbegabtes, eigenständiges Wesen wäre – was es in gewisser Hinsicht auch ist, andererseits jedoch auch wieder nicht. (Ich habe Sie ja gewarnt, daß Sie einige geistige Akrobatik vollbringen müssen, um dieses Buch zu verarbeiten. Aber machen Sie sich nichts draus, wir sind noch nicht so weit fortgeschritten, daß es wirklich darauf ankommt, daß alles stimmen muß.)

Sprechen Sie mit Ihrem Pendel. Behandeln Sie es wie Ihr Haustier. Es kann bisweilen wie ein störrisches Kind sein. Dann müssen Sie ihm ein wenig schmeicheln, es geschickt überreden, damit es Ihnen die Ergebnisse bringt, die Sie brauchen. Vielleicht müssen Sie es erst einmal an seine neue Umgebung gewöhnen, ihm die Hausregeln beibringen und klarmachen, daß ein Ja ein Ja und ein Nein ein Nein bedeutet. Sie müssen wahrscheinlich gemeinsam mit Ihrem Pendel erst einmal lernen, sich gegenseitig zu respektieren. Sie können Ihr Pendel nicht zwingen, Ihnen die Ergebnisse zu bringen, die Sie sich wünschen, aber es wird Ihnen immer die Ergebnisse bringen, die Sie brauchen. Vielleicht tut es Ihnen ja gut, auch einmal auf Ihre Schwächen aufmerksam gemacht zu werden. Fahren Sie auf jeden Fall fort, mit Ihrem Pendel zu sprechen.

Wenn Sie mit Ihrem Pendel sprechen, dann sprechen Sie auch mit sich selbst. Zu einem Pendel sprechen – ist das nicht ein bißchen verrückt? Ich finde nicht. Im Gegenteil. Ich arbeite in einem Büro, in dem irgendwelche Leute vor ihren Bildschirmen am Computer sitzen und die Hälfte ihrer Arbeitszeit damit verbringen, ihre Programme zu verfluchen und zu versuchen, sie davon zu überzeugen, doch endlich das zu tun, was sie sollen. Da sitzen sie nun vor ihren »Blechtrotteln« und fluchen einsam vor sich hin. Ist das nicht ebenso verrückt und vielleicht nicht noch viel verrückter, als zu einem Pendel zu sprechen? Ich gebe zu, es ist ein bißchen verrückt und vielleicht auch nicht gerade elegant, aber es funktioniert. Und das ist alles, worauf es ankommt.

Halten Sie Ihr Pendel in Bewegung!

Wenn Sie lange Zeit still dagesessen haben, ist es nicht leicht, wieder aufzustehen und in Bewegung zu kommen. Entsprechend leichter ist es, die Bewegungen eines Pendels zu verfolgen, wenn es sich bereits bewegt. Wenn Sie also in einem Buch über das Pendeln lesen, daß Sie Ihr Pendel stillhalten und auf eine Reaktion warten sollen, ist zwar dagegen nichts einzuwenden, jedoch sollten Sie dabei bedenken, daß es aus simplen mechanischen Gründen (Trägheit der Masse) recht lange dauern kann, bis sich etwas bewegt. Wahrscheinlich haben Sie, wenn sich schließlich, nach langem Warten, doch noch etwas tut und das Pendel sich bewegt, schon längst aufgegeben und sich anderen Dingen zugewendet.

Schwingen Sie das Pendel sanft hin und her, wie das Pendel einer Uhr, die ihre Zeit vertickt. Dann beobachten Sie es. Jedoch mit einem gewissen inneren Abstand, so, als würden Sie bei der Arbeit ganz nebenbei eine Uhr im Blick behalten, die die letzten ein oder zwei Stunden vor der Mittagspause anzeigt, ganz beiläufig, mit ein wenig freudiger Erwartung, wobei Ihre Aufmerksamkeit nur in geringem Maße dem Zifferblatt gilt.

Stellen Sie sich vor, das sanfte Hin und Her ist die »neutrale« Ausgangsposition. Es passiert nicht viel. Es gibt nichts Aufregendes zu berichten. Beobachten Sie es so, wie ein Hypnotiseur seine Uhr an der Kette beobachten würde – hin und her, hin und her, eine völlig wertfreie Bewegung.

Aus diesem Zustand heraus kann das Pendel in andere Zustände übergehen. Es kann sich wie der Zeiger eines Kompasses bewegen und eine Richtung anzeigen. Danach schwingt es vielleicht wieder zurück, oder es bewegt sich zuerst in einer Pendelbewegung und geht dann in eine Kreisbewegung über, immer in einer Richtung im Kreis herum, dann wieder zurück in die neutrale Schwingung, anschließend in eine entgegengesetzte Kreisbewegung und dann wieder in die neutrale Pendelbewegung.

Machen Sie einen Versuch. Oder besser: Beobachten Sie es, probieren Sie nicht herum. Tun Sie es einfach. Lassen Sie das Pendel sich von selbst bewegen und das reflektieren, was Sie über den Gegenstand, den Sie im Kopf haben, denken. Sie können sich darauf verlassen, daß das Pendel genau das tut, was Sie ihm sagen. Als Erweiterung Ihres Armes ist es eine Erweiterung von Ihnen selbst. Versetzen Sie es also in eine Pendelbewegung und lassen Sie es dann, wie von selbst, durch die Veränderungen seiner Eigenbewegung gehen. Sie wissen, daß das Pendel ein Teil von Ihnen ist, daß Sie selbst die Bewegungen verursachen. Trotzdem haben Sie das Gefühl, als bewege sich das Pendel aus eigenem Antrieb. Das ist der Grund, warum aus einem simplen Ring an einer Schnur ein Pendel wird, ein Mittel, mit dem Sie Einblick in Ihr eigenes Wesen und in jeden beliebigen anderen Gegenstand erhalten können.

Ja und Nein

Die nächste Stufe besteht darin, eine Bedeutung für die Reaktionen des Pendels zu finden. Im Moment sind die ziellosen Bewegungen des Pendels noch völlig ohne Bedeutung. Alles, was wir haben, ist eine Bewegung, die wir »neutral« nennen, sowie diverse andere Bewegungsarten. Wir müssen also einige Regeln aufstellen, um sagen zu können, was die verschiedenen Bewegungen uns sagen.

Vergessen Sie nicht, daß Sie selbst die Regeln bestimmen. Es gibt keine Regeln außer Ihren eigenen. Die beinhalten jedoch auch eine Reihe von Regeln, die Sie aufstellen, ohne es zu wissen – wie etwa, wenn Sie sich sagen, daß die Bewegungen des Pendels eigentlich gar nichts zu bedeuten haben. Darüber hinaus gibt es noch viele verborgene »Regeln«, die Sie benutzen können, um sich selbst einzureden, daß Sie nicht imstande sind, etwas Neues, Ungewöhnliches oder »Unwissenschaftliches« zu tun oder sich einmal völlig außerhalb ihrer gewöhnlichen Bahnen zu bewegen. Doch Sie können es. Sie brauchen nur einige neue verborgene »Regeln« hinzuzufügen, die besagen, daß Sie es können.

Seien Sie positiv (oder, wie im Fall der verborgenen Regeln, negativ). Stellen Sie fest, was diese Bewegungen für Sie bedeuten sollen. Sagen Sie Ihrem Pendel (und damit sich selbst), welche Regeln für das Spiel gelten.

Programmieren Sie das Pendel, genauso wie Sie einen Computer programmieren würden. Geben Sie ihm Regeln, denen es folgen kann.

Versuchen Sie es zuerst einmal auf die nette Art. Halten Sie das Pendel in der Hand, in der rechten oder der linken, je nachdem, was am bequemsten ist. Schwingen Sie es sanft hin und her und fragen Sie es, welche Bewegung ein Ja bedeutet. Ganz höflich. Dann bitten Sie es, in die neutrale Pendelbewegung zurückzukehren.

Jetzt fragen Sie es nach dem Nein, nach einer Bewegung, die gewöhnlich ein Nein anzeigt. Dann bitten Sie es um eine neutrale Bewegung.

(Falls Sie das bis jetzt noch nicht getan haben sollten, dann sollten Sie es spätestens jetzt tun, sonst wird aus Ihrer Beschäftigung mit dem Pendel niemals etwas werden.)

Gut so. Nun versuchen Sie es noch einmal. Gehen Sie noch einmal durch den gesamten Zyklus. Ja – Neutral – Nein – Neutral. Das ist alles. Es gibt eigentlich nicht viel mehr, was man wissen muß, wenn man ein Pendel verwenden will. Eigentlich nicht besonders kompliziert, oder?

Nun gut, es hat nicht geklappt. Es war keine eindeutige Reaktion feststellbar. Haben Sie etwa ein Wunder erwartet? Wenn Sie jedoch den Eindruck hatten, das Pendel spielt nicht mit, dann stellen Sie ein paar Regeln auf – *fragen* Sie das Pendel nicht, sondern *sagen* Sie es ihm. Versuchen Sie es mit der Standardregel: Jede Veränderung einer neutralen Bewegung in Richtung einer Kreisbewegung im Uhrzeigersinn bedeutet »Ja«. Jede Veränderung in der entgegengesetzten Richtung »Nein«. Das ist die Regel. (Oder, wenn Sie wollen, stellen Sie eine beliebige andere Regel auf. Sie haben die Wahl, vergessen Sie das nicht.)

Falls das Pendel darauf besteht, regelmäßig etwas anderes zu tun, dann sind eben das die Regeln. In der Tat sind das sogar die besseren Regeln. Einigen Sie sich mit Ihrem Pendel auf Ihren eigenen Regelsatz, und achten Sie darauf, sich immer an die Regeln zu halten. Sie müssen mit Ihrem Pendel leben und mit ihm arbeiten. Sie sollten daher einen Weg finden, der es für beide leicht macht, ohne daß Sie irgendwann frustriert und entnervt aufgeben müssen.

Ich bin mir sehr wohl darüber im klaren, daß die Personifizierung eines Stückchens Metall (oder was auch immer an Ihrem Pendel hängt) eine nicht alltägliche Verrücktheit darstellt. Ich weiß, daß man bei dieser Diskussion sehr wohl beide Seiten einnehmen kann. Auf jeden Fall handelt es sich beim Pendeln um eine leichte Methode, um sich zu einer Zusammenarbeit mit seinem eigenen Unterbewußtsein zu überlisten, auf eine Weise, wie es Ihnen vielleicht noch niemals zuvor gelungen ist. Sie gelangen dadurch an Informationen, die Ihnen mit großer Wahrscheinlichkeit bis dahin verborgen geblieben waren, weil Sie sie einfach nicht gesehen haben. Erst jetzt, indem Sie dieses scheinbar kindische Spiel spielen, sehen Sie sie. Später können Sie vielleicht lernen, ohne dieses Spielchen auszukommen, und einfach *wissen*. Das erfordert jedoch Übung, und Übung ist etwas, das Sie noch nicht vorweisen können. Sie können sie bekommen, indem Sie sich einfach auf lockere Weise mit der Materie beschäftigen. Spielen Sie damit, lassen Sie es sich Spaß machen. (Genug der ermutigenden und möglicherweise überflüssigen Worte, denn wahrscheinlich funktioniert es in Ihrem Fall ja bereits ausgezeichnet.)

Mit klaren und erkennbaren Reaktionsmustern für Neutral, Ja und Nein können Sie beginnen, dem Pendel Fragen zu stellen. (Um genau zu sein, stellen Sie sich selbst die Fragen, doch das haben wir ja bereits mehrmals erläutert.) Auf diese Weise können Sie Reaktionen erhalten, die Sie tatsächlich auf sinnvolle Weise interpretieren können. Der Haken ist nur: *welche* Fragen?

Fragen über Fragen

Beim Pendeln dreht sich alles um Fragen und Antworten. Dabei spielt es keine Rolle, was für Fragen das sind, solange sie sinnvoll mit Ja oder Nein beantwortet werden können. Sie können Fragen über alles mögliche stellen. Das ist der Grund, weshalb einige Fachleute das Pendel als eine Art Allheilmittel beschrieben haben: »Das Pendel kann Ihnen alle Ihre Fragen beantworten!« Das gilt natürlich nicht für unzählige Banalitäten wie: »Sollte ich heute morgen noch ein wenig länger im Bett liegen bleiben?« Außerdem gibt es noch eine Menge Fragen, die nicht für ein System geeignet sind, das nur mit Ja und Nein antworten kann.

Genauso dumm wäre es, wenn man von einem Computer erwarten würde, daß er alle Fragen beantwortet, selbst wenn er nicht dafür konstruiert oder programmiert ist. Eine der Grundregeln aller Programmierer lautet: »garbage in – garbage out«, was soviel heißt, wie: »Wenn du deinen Computer mit Müll fütterst, kannst du nichts anderes als Müll von ihm erwarten.« Ein Computer tut lediglich das, was man ihm sagt. Er arbeitet nur mit den Informationen und gibt nur die Antworten, die ihm zur Verfügung stehen. Darüber hinaus geht nichts. Dasselbe gilt für den Gebrauch des Pendels. Daher ist es sicher nicht besonders hilfreich, wenn es auf die Frage »Was soll ich jetzt tun?« mit »Ja« oder »Nein« antwortet.

Der Trick liegt also nicht bei den Antworten – die sind, wie wir gesehen haben, leicht zu erhalten –, sondern in der Fragestellung. Die richtigen Fragen müssen gefunden werden. Wir befinden uns damit jedoch in einer geradezu kafkaesk anmutenden Zwickmühle. Einerseits wissen wir nicht einmal genau, welche Frage wir eigentlich gestellt haben, und andererseits können wir erst dann die richtige Frage erkennen, wenn wir sie bereits gefunden haben. Wir tappen da etwas im dunkeln. Wir jagen unserer Frage nach, lassen nicht locker, folgen ihr auf dem Fuße. Die Antwort auf eine Frage führt uns zur nächsten Frage und wieder zu einer Antwort.

Fast alles Lehren und Lernen an Schulen vollzieht sich nach dem Muster: Hier ist eine Frage, wie lautet die Antwort? Normalerweise weiß der Lehrer die einzig richtige Antwort auf die Frage im voraus, und der Schüler bekommt nur dann eine gute Note, wenn er die richtige

Antwort errät. Beim Pendeln jedoch – ebenso wie bei allen wirklichen Fähigkeiten – haben wir es mit einer vorgegebenen Antwort zu tun, und die Schwierigkeit besteht darin, die richtige Frage dazu zu formulieren. Wir werden im Verlauf dieses Buches noch öfter auf diese Falle zu sprechen kommen.

Das große Problem mit einem System, das nur mit Ja oder Nein antworten kann, besteht darin, daß es keinen Aufschluß darüber geben kann, ob eine Frage nicht mit Ja oder Nein beantwortet werden kann. Es kann nur mit Ja oder mit Nein antworten. Vielleicht gibt es auch überhaupt keine Antwort, was uns auch nicht viel weiterhilft, uns möglicherweise ziemlich dumm aussehen läßt und wahrscheinlich total frustriert zurückläßt.

All dies macht uns völlig ratlos, denn wir können nicht sehen, worin der Fehler besteht. Wie ein wütender Schulmeister stehen wir vor der Klasse und schimpfen: »Jedesmal wenn ich den Mund aufmache, fängt irgend jemand an zu quasseln!« Wir sehen nicht, was falsch ist, denn innerhalb des Systems gibt es keine Möglichkeit zu sehen, was falsch ist. Das ist nicht vorgesehen.

An dieser Stelle unterscheidet sich unser System radikal von anderen Pendellehren, die ein starres System aufstellen, das ausschließlich Raum für »Ja«, »Nein« und »Neutral« läßt und für nichts anderes. Ohne diesen zusätzlichen Raum, ohne die Möglichkeit einer Alternative, ohne einen Weg zu erkennen, daß unsere Frage dumm war, kommen wir nicht weiter, nicht ein Stückchen.

Ein solcher zusätzlicher Raum, der in unserem System durch die Antwort »Idiot« gegeben wird, ist wichtig in jedem funktionierenden System. Diese Antwort kommt, wenn sich herausgestellt hat, daß der Fragende ein Trottel gewesen sein muß, die Frage so überhaupt gestellt zu haben. Das entsprechende Gegenstück beim Programmieren eines Computers sind die Routinen und Unterprogramme,

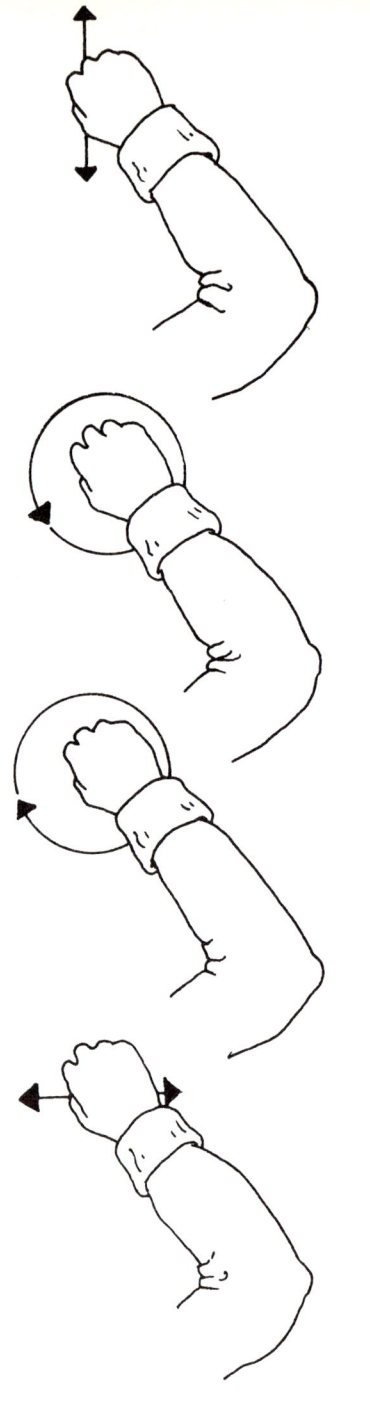

Das Pendel antwortet nur mit Ja oder Nein – oder mit »Idiot«

die auf Irrtümer achtgeben, während ein Programm läuft. Diese Programmelemente sind vielleicht das Schwierigste an einen Programm, weil man jeden möglichen Fehler, der überhaupt auftreten kann, dabei berücksichtigen sollte. Selbst dann gibt es noch immer Fehler, die sich einschleichen. Es ist eine bekannte Tatsache unter Programmierern, daß immer, wenn man glaubt, man hat das Programm völlig idiotensicher gemacht, ein noch besserer Idiot kommt und das Gegenteil beweist. »Idiot« heißt in unserem Fall: »Nimm die Frage zurück!« »Diese Frage kann nicht sinnvoll mit Ja oder Nein beantwortet werden, also nimm sie zurück.«

So wie ich das Pendel gebrauche, bedeutet eine Seitwärtsschwingung, neunzig Grad der neutralen Pendelbewegung entgegengesetzt, »Idiot«. Finden Sie heraus, worin diese Antwort bei Ihnen besteht. Versuchen Sie es mit einer dummen Frage wie: »Was soll ich jetzt machen?« und sehen Sie, wie das Pendel reagiert. Wenn Sie kein eindeutiges Ergebnis bekommen, versuchen Sie es mit der Seitwärtsbewegung. Sie können es später wieder verändern, falls Sie das Gefühl haben, es geht anders besser. Vergessen Sie nicht, daß es ganz in Ihrem eigenen Ermessen liegt.

Neutral, Ja, Nein, »Idiot«. Das System wäre nicht vollständig, nicht brauchbar ohne das »Idiot«, die Antwort des weisen Narren. Sie selbst sind der weise Narr – und natürlich auch ich.

Wie Hans dennoch lernt, was Hänschen nicht gelernt hat.

Nun haben Sie Ihr Pendel in der Hand, halten es zwischen Daumen und Zeigefinger und lassen es sanft hin und her schaukeln. Während Sie dies lesen, wandert es hin und wieder in eine Richtung, die Sie als Ja oder Nein definiert haben, als Antwort auf keine bestimmte Frage. Es tut es einfach.

Das ist doch aufregend, oder nicht? – Natürlich nicht. Tatsächlich fühlen Sie sich vielleicht sogar ein wenig an der Nase herumgeführt. Daumendrehen könnte sinnvoller sein. Es ist nichts dran an der ganzen Pendelei – das ist das Problem.

Sehr richtig, Pendeln ist nichts Besonderes. Es ist nichts, was Sie nicht mit Leichtigkeit tun könnten.

Was soll ich tun? Ich soll mit mir selbst sprechen? Eine ziemlich sinnlose Übung. Jedes Kind kann Selbstgespräche führen, dazu braucht man kein Pendel, das die Sache nur unnötig verkompliziert. Mittlerweile wissen Sie auch, daß Sie Ihr Pendel in verschiedenen Richtungen drehen lassen können, aber das ist ebenfalls eine ziemlich nutzlose Übung.

Der Trick hier ist loszulassen, das Pendel *nicht* selbst zu bewegen – oder scheinbar nicht selbst zu bewegen. Es bewegt sich von selbst (aber Sie sind es, der es bewegt). Das Pendel bewegt sich aus eigener Kraft. Lassen Sie es aus sich selbst heraus bewegen, so, als hätte es seinen eigenen Verstand. Lassen Sie es Ihr Diener sein, auch wenn Sie damit selbst zu Ihrem eigenen Diener werden.

Es ist nicht besonders schwer, Ihrem Pendel die Anweisung zu geben, ein Ja zu signalisieren, wenn Sie wissen, daß die Antwort auf Ihre Frage ein Ja ist. Das wäre jedoch eine völlig überflüssige Aktion. Das Pendel bekommt erst dann einen Sinn, wenn wir es *nutzen* können, wenn wir die Antwort auf etwas finden können, was wir noch nicht wissen. Besonders wenn dies etwas ist, worauf wir auf gewöhnliche Weise keine leichte Antwort finden können.

Nun ist es jedoch nicht leicht zu beweisen, daß das Pendel funktioniert (oder nicht funktioniert), wenn man auch auf gewöhnliche Weise keine Lösung der Frage finden kann. Es mag ja faszinierend sein, das Pendel einzusetzen, um das Datum des Unterganges der atlantischen Zivilisation zu ermitteln (oder was immer uns im Augenblick beschäftigt), aber leider ist das völlig sinnlos, denn es gibt nichts, woran man den Wahrheitsgehalt unserer neuen Erkenntnis messen könnte. Es bleibt völlig im Bereich der Phantasie und kann an nichts Greifbarem gemessen werden. Für die Praxis spielt es jedenfalls keinerlei Rolle.

Kleine Gesellschaftsspiele, wie das beliebte »Hütchenspiel«, bei dem man erraten muß, unter welchem Becher ein Hütchen verborgen ist, sind auf den ersten Blick ebenso sinnlos, denn sie beziehen sich auf nichts, was im »wirklichen Leben« eine Rolle spielt. Entweder das Hütchen ist unter dem Becher oder nicht. (Es sei denn, man versucht, anhand dieses Spieles seinen Sinn für Psychokinese weiterzubilden, was jedoch den Rahmen dieses Buches bei weitem sprengen würde.) Das Hütchenspiel ist vielleicht genauso sinnlos wie die Suche nach Atlantis, aber es hat einen nützlichen Zweck: Es kann Ihnen praktische Erfahrung vermitteln und Ihr Selbstvertrauen stärken – hoffe ich.

Sie können Ihr Selbstvertrauen völlig ruinieren, wenn Sie auf dieser Stufe irgend etwas zu ernst nehmen. Wir werden hier nichts weiter tun, als eine kleine Auswahl von Spielen vorstellen, mit der Betonung auf »Spiel«. Es spielt keine Rolle, ob Sie etwas richtig oder falsch machen, es kommt nur darauf an, daß Sie es tun und damit bestimmte Dinge üben. Wenn Ihnen etwas gelingt, und Sie finden den Gegenstand, dann heißt das noch lange nicht, daß Sie der geborene Pendelmeister sind, und wenn Sie ihn nicht finden, sind Sie noch lange kein ewiger Versager.

Ich sage es noch einmal, denn es ist wichtig: *Die Ergebnisse spielen keine Rolle.* Auf die Praxis kommt es an. Wenn man durch den Bach will, muß man sich die Füße naß machen. Ich kenne keinen Menschen, der nicht in der Lage wäre, ein Pendel zu gebrauchen. Jeder kann es. Ob er es auch möchte oder will, ist eine andere Frage. Das liegt an jedem selbst. Und nun liegt es an Ihnen.

Positiv und Negativ

Zeit zum Spielen. Alle ernsten Gedanken bitte an der Garderobe abgeben. Sie wissen jetzt, wie Sie das Pendel dazu bringen können, Ja oder Nein zu sagen. Erst einmal geht es dabei nicht um bestimmte konkrete Fragen, sondern nur um ein Ja oder ein Nein. Ja und Nein sind Polaritäten, Gegensätze. Sie können das Pendel benutzen, um eine Entscheidung über ein beliebiges Gegensatzpaar anzuzeigen: ja oder nein, positiv oder negativ, männlich oder weiblich, yin oder yang, schwarz oder weiß. Sie können entscheiden, welche gegensätzlichen Bewegungen des Pendels welchen Teil des Gegensatzpaares anzeigen. Schwarz kann genausogut ein Ja wie ein Nein bedeuten, ganz wie Sie wollen. Achten Sie darauf, daß das Pendel weiß, wie Sie sich entschieden haben (und daß Sie wissen, was das Pendel sagt). Sprechen Sie mit Ihrem Pendel, finden Sie heraus, was es meint.

Wir wollen mit einem konkreten Beispiel spielen. Die beiden Enden einer Batterie sind als positiver und negativer Pol markiert. Das gibt uns eine Polarität, mit der wir

Das Batteriespiel

spielen können. Nehmen Sie eine Taschenlampenbatterie, die an ihren Enden eine Markierung hat. Legen Sie sie in eine kleine Pappschachtel, damit Sie nicht sehen können, welches Ende wo liegt. Jetzt gebrauchen Sie das Pendel: Ist an der Oberseite der Schachtel der positive oder der negative Pol?

Sie sollten bei der Wahl der Fragen, die Sie an das Pendel richten, sehr sorgfältig vorgehen. Das Pendel ist ziemlich beschränkt, vergessen Sie das nicht. Es kann nur mit Ja oder Nein antworten. Sie können also nicht einfach fragen: »Ist die Oberseite der Schachtel positiv oder negativ?«, denn das Pendel wüßte überhaupt nicht, was Sie wollen. Es wird Ihnen dann entweder eine »Idiot«-Antwort geben oder in ziellosem Durcheinander umherschwingen. Eine Frage kann zweideutig sein, oder es können mehrere Fragen in einer Frage enthalten sein. »Ist die Oberseite positiv?« »Ist die Oberseite negativ?« oder »Ist die Seite, die nach oben gerichtet ist, positiv?« (Das ist nicht unbedingt die »Oberseite« der Batterie, denn bei Batterien gibt es tatsächlich ein »Oben« und ein »Unten«.) Bei solchen Fragen kann das Pendel nicht wissen, wie es antworten soll.

Ebenso sollten Sie sich vor einer doppelten Verneinung in einer Frage hüten wie: »Ist dies der falsche Weg?« oder in unserem Fall: »Ist dies die negative Seite?«, denn ein Nein in diesem Fall kann zwar bedeuten, daß die Frage verneint wird (dann ist es die positive Seite), aber es kann auch sein, daß das Pendel mit der negativen Schwingung auf den negativen Pol der Batterie hinweist. Die Ja/Nein-Reaktion kommt dann in Konflikt mit der Positiv/Negativ-Polarität – die beste Voraussetzung, um eine verwirrende Antwort zu erhalten. Sie sollten unbedingt darauf achten, daß Sie jede Ihrer Fragen so stellen, daß ein Ja immer bedeutet: »Jawohl, es stimmt.«

Sie sollten Ihre Frage also in etwa folgendermaßen formulieren: »Ist der positive Pol der Batterie auf die Seite der Schachtel gerichtet, die nach oben zeigt?« Versuchen Sie andere Fragen und stellen Sie fest, welche Unterschiede sich ergeben. Notieren Sie Ihre Ergebnisse.

Bitten Sie einen Freund, die Batterie für Sie in die Schachtel zu legen. Welches Ende ist nun oben?

Können Sie neben den Bewegungen des Pendels noch etwas anderes spüren? Ein Kribbeln, einen Geschmack oder eine Reaktion, die mit einer bestimmten Pendelbewegung zusammenhängt? Denken Sie daran: Es ist nicht wichtig. Spielen Sie einfach damit.

Tun Sie es noch einmal – und dann noch einmal. Wenn die Ergebnisse nicht eindeutig sind, machen Sie sich nichts draus. Denken Sie daran, wo der Ball hinflog, als Sie zum ersten Mal Tennis spielten. Warum sollte es hier anders sein. Warum sollten Sie mit dem Pendel sofort wunderbare, vollkommene Bewegungen machen können? Geben Sie dem Pendel – und sich selbst – eine Chance. Sehen Sie es spielerisch. Lernen Sie, indem Sie spielen. Gewöhnen Sie sich langsam an das Werkzeug in Ihren Händen, wie es funktioniert, wie Sie damit arbeiten, wie es allmählich zu Ihrem verlängerten Arm wird. Erinnern Sie sich daran, wie irgendwann der Tennisschläger zu Ihrem verlängerten Arm geworden ist. Es erfordert Zeit – und Übung.

Üben Sie zur Abwechslung einmal mit verschlossenen Augen. Sie können das Pendel nicht sehen, aber Sie können es fühlen. Arbeiten Sie mit dem, was Sie fühlen, was Sie spüren und was Ihre Augen Ihnen mitteilen.

Machen Sie noch ein paarmal den Batterietest. Merken Sie sich, was passiert ist. Merken Sie es sich einfach. Machen Sie sich keine Gedanken darüber, was »richtig« oder »falsch« ist. Es spielt keine Rolle. Später wird das anders sein, jetzt noch nicht. – Wenn Sie mit diesem Spiel zu Ende gekommen sind, lassen Sie uns ein anderes versuchen. Zum Beispiel ein Kartenspiel.

In jedem Kartenspiel gibt es klare Polaritäten, ein klares Gegensatzpaar: die schwarzen und die roten Karten. Wählen Sie eine der beiden Farben als das Ja aus. Das Pendel wird auf diese Farbe mit einem Ja reagieren. Versuchen Sie es. Achten Sie darauf, daß das Pendel für die andere Farbe ein Nein signalisiert. Wenn es das nicht tut, bringen Sie es dazu. Üben Sie mit ein paar aufgedeckten Karten. Wenn das Pendel nicht mitspielt, lassen Sie sich nicht entmutigen – oder tun Sie zumindest so.

Mischen Sie die Karten und legen Sie sie verdeckt auf den Tisch. Sortieren Sie sie, eine nach der anderen, gemäß der Reaktion des Pendels, in einen roten und einen schwarzen Haufen. Vergessen Sie dabei nicht, welche Sie dem Ja und welche dem Nein zugeordnet haben, Ja für Schwarz und Nein für Rot zum Beispiel.

Richten Sie Ihre Aufmerksamkeit auf das, was Sie tun. Probieren Sie nicht lange herum, sondern tun Sie es. Auch hier kommt es nicht auf die Ergebnisse an. Sie haben nichts, was Sie beweisen müssen, und bekommen auch keine guten oder schlechten Noten für das, was Sie tun. Natürlich sind die Ergebnisse wichtig, aber andererseits sind sie auch völlig nebensächlich.

Gehen Sie das ganze Kartenspiel durch. Mit verdeckten Karten. Aber nicht schummeln. Machen Sie sich nichts draus, ob Sie richtig tippen oder nicht. Tun Sie es einfach, und vergessen Sie nicht, Ihre Frage nach der Farbe der Karte auf eine Weise zu stellen, die das Pendel nicht irritiert. Stellen Sie einfache, eindeutige Fragen wie etwa: »Ist dies eine schwarze Karte?« Jetzt sehen Sie nach, was Sie getan haben.

Wenn Sie die Karten jetzt fein säuberlich in perfekte Stapel aus nur schwarzen und nur weißen Karten sortiert haben, dann haben Sie entweder ein außerordentliches Talent (möglich, aber unwahrscheinlich), unwahrscheinliches Anfängerglück, oder Sie haben geschummelt. Der einzige Mensch, den Sie jedoch beschummeln können, sind Sie selbst. Das Ziel besteht darin zu lernen, daß es nichts zu gewinnen gibt. Es ist lediglich ein Übungsspiel, es lohnt sich mit Sicherheit nicht zu betrügen. Sie werden höchstwahrscheinlich eine bunte Mischung aus roten und schwarzen Karten haben. Außerdem werden die beiden Stapel wahrscheinlich nicht gleich groß sein.

Es ist sonnenklar, daß es nicht auf Anhieb perfekt funktioniert. Vielleicht sind Sie ein wenig enttäuscht, oder Sie sagen sich sogar, es hat sowieso keinen Sinn. Das ist auf dieser Stufe nichts Besonderes und kein Grund zur Beunruhigung. Lassen Sie sich nicht so schnell entmutigen. Sie haben gerade erst angefangen zu lernen. Sie können nicht erwarten, schon nach einer halben Stunde Übung zu einem Meister des Pendelns geworden zu sein. Erinnern Sie sich an die Frage zu Beginn des Buches: »Und was soll ich damit?« Diese Frage hat uns schließlich so weit gebracht, wie wir jetzt sind. Schauen wir uns also noch einmal die beiden Stapel an. Wie unterschiedlich waren sie eigentlich? Zählen Sie einmal die Karten. Wie gut haben Sie sortiert? Zählen Sie die Farben.

Selbst wenn Sie nur etwas besser als der pure Zufall reagiert haben, ist das schon ein Erfolg. Ein interessanter Punkt ist es auch, wenn Sie mehr falsche als richtige Antworten gefunden haben, beziehungsweise wenn mehr schwarze Karten in dem angeblich roten Stapel liegen als rote. Wenn das der Fall ist, dann ist das statistisch gesehen genauso signifikant. Es heißt lediglich, daß Ihr Pendel ein wenig hilflos ist und Ihnen ein Ja statt eines Neins gibt und umgekehrt. Das klingt nicht gerade hilfreich, aber es bedeutet sicherlich, daß Sie auf der richtigen Spur sind.

Der Schlüssel zu dem Ganzen ist, daß es einen Trick gibt, einen besonderen Dreh, eine Verschiebung dessen, was Sie für wichtig halten oder wie Sie innerlich dem Pendel gegenüber eingestellt sind. Es ist so wie mit jeder anderen Fertigkeit, wie zum Beispiel dem Radfahren. Es scheint vollkommen unmöglich, bis es soweit ist und Sie es einfach tun. Dann ist es plötzlich keine Schwierigkeit mehr. aber bis es soweit ist... Es fehlt einfach noch der letzte Schritt, etwas ist noch nicht eingerastet. Denken Sie – oder besser fühlen Sie sich – einmal zurück in die Zeit, in der Sie zum ersten Mal auf einem Fahrrad saßen, als jemand noch die Hand am Sattel hatte und Sie plötzlich merkten, daß Sie nicht mehr festgehalten wurden – mit einem Mal waren Sie auf sich selbst gestellt. Wahrscheinlich sind Sie dann erst (samt dem Rad) einmal hingefallen, wenigstens bin ich es (glücklicherweise ins Gras). Dann bin ich wieder aufs Rad gestiegen – und noch einmal hingefallen, noch einmal aufs Rad und wieder hingefallen. Beim vierten Mal bin ich dann draufgeblieben. Ich hatte den Dreh raus, auf dem Ding sitzen zu bleiben, ohne wieder herunterzufallen. Genauso ist es mit der feinen Balance zwischen Kupplung und Gas beim Autofahren und auch mit dem Pendel. Es ist ein gewisser Dreh – schwierig, wenn man ihn noch nicht beherrscht, aber offensichtlich und leicht, wenn man ihn begriffen hat. Wie beim Radfahren.

Nun zurück zum Kartenspiel. Mischen Sie die Karten wieder neu und spielen Sie es noch einmal. Überprüfen Sie die Ergebnisse. Sie könnten sicher schlechter sein. Ja? Seien Sie nicht enttäuscht, wenn sie schlechter sind. Das ist völlig normal. Dafür gibt es zwei Gründe: Zum einen bemühen Sie sich jetzt wahrscheinlich zu sehr, um bessere Ergebnisse zu erzielen, und genau das ist es, was wir vermeiden wollen. Das Pendel spielt seine Rolle nicht gut, wenn es gezwungen wird. Im Zwang geht der Trick, daß Sie mit sich selbst arbeiten, verloren, und zum zweiten sind Sie wahrscheinlich ermüdet, vielleicht sogar gelangweilt.

Zeit für eine Pause. – Am nächsten Tag (oder nach einer längeren Pause) versuchen Sie noch einmal, den Stapel Karten mit Hilfe des Pendels nach Farben zu sortieren.

Sehen Sie, was dabei herauskommt. Stellen Sie fest, ob sich in der Zwischenzeit etwas verändert hat.

Wenn die Ergebnisse immer noch genauso zufällig sind, sollten Sie ein anderes Verfahren anwenden. Entspannen Sie sich. Laden Sie ein paar Freunde zu sich nach Hause ein, wenn Sie sich dabei besser entspannen können. Trinken Sie ein Gläschen mit ihren Freunden. Schauen Sie sich zusammen einen wirklich durchschnittlichen Film im Fernsehen an. Danach versuchen Sie (oder besser spielen Sie) das Sortierspiel noch einmal, diesmal als eine Art Gesellschaftsspiel mit Ihren Freunden, falls Sie welche eingeladen haben. Achten Sie dabei darauf, daß Sie das Ganze als Spiel betrachten. Es kommt nicht darauf an, etwas zu gewinnen, Sie tun das lediglich, um etwas zu lernen. Nach langer Erfahrung kann ich sogar sagen, daß Sie wahrscheinlich ein großes Durcheinander anrichten werden, wenn Sie versuchen zu gewinnen oder anzugeben, anstatt zu lernen.

Überprüfen Sie die Ergebnisse. Sie können überraschend sein. Wenn es gut funktioniert hat, sollten Sie nicht allzu erstaunt sein. Es funktioniert wirklich, Sie müssen es nur zulassen. Es ist nur nicht so leicht, so weit loszulassen, daß das Pendel funtioniert (und damit Sie selbst) und Dinge tut, die aufgrund unserer normalerweise so »vernünftigen« Überzeugungen, wie die Dinge zu sein haben, überhaupt nicht möglich sind. Tatsächlich ist diese »Vernunft« in der Praxis gar nicht so vernünftig. Sie können das Pendel zum Funktionieren bringen und es Dinge tun lassen, die wie ein Wunder erscheinen mögen, wenn Sie es nur einmal schaffen, diese Überzeugungen für eine Weile zu vergessen.

Eine kleine Warnung am Rande: Wenn Ihnen das Kartensortierspiel einmal gelungen ist, fangen Sie nicht an und spielen es immer wieder. Es wird Sie zu Tode langweilen, und schließlich werden Sie nichts weiter haben als einen eindrucksvollen Beweis dafür, wie Zufall statistisch definiert wird. Ein- oder zweimal können wir mit Vergnügen die Regeln ignorieren, die andere für gültig halten. Wenn Sie es jedoch immer wieder versuchen, wird das Pendel schließlich seine Kapriolen einstellen und die Freude daran verlieren, mit dem Zufall sein Spielchen zu treiben. Wir können uns unendlich lange den Kopf darüber zerbrechen, ob die »Gesetze des Zufalls« überhaupt Gesetze sind. Auf jeden Fall wird beinahe unsere gesamte Arbeit mit dem Pendel an jener durchlässigen Grenze stattfinden, an der diese Gesetze zweifellos auf überraschende – und nützliche – Art gebeugt werden können.

Das soll jedoch fürs erste genügend Theorie sein, wir wollen uns statt dessen etwas anderem zuwenden, vielleicht dem Thema »männlich oder weiblich«, denn das hat auch sehr viel mit Polarität, mit Gegensätzen zu tun.

Ordnen Sie, genau wie bei dem Kartenspiel, einem der beiden Geschlechter ein Ja und dem anderen ein Nein zu. Versuchen Sie es mit verschiedenen Menschen. Wahrscheinlich werden Sie einiges Gelächter und bisweilen wohl auch Verlegenheit hervorrufen, wenn das Pendel »falsch« reagiert. Wenn Sie sich solche Peinlichkeiten ersparen wollen, können Sie mit einem Wurf junger Hunde oder irgendwelchen anderen Tieren, die es sich gefallen lassen, probieren. Seien Sie nicht erstaunt, wenn das Ergebnis nicht einheitlich ist. Vielleicht müssen Sie Ihr Pendel genauso über männlich und weiblich belehren wie über Ja und Nein.

Das Auspendeln des Geschlechtes eines ungeborenen Kindes ist eine der ältesten traditionellen Anwendungen des Pendels. Jemand hält einen Ring an einer Schnur (einem Faden) über den Bauch der Mutter und interpretiert die Bewegungen des Pendels. Wenn Sie eine Freundin haben, die schwanger ist, sollten Sie Ihr Pendel über dem Kind schwingen lassen. (Denken Sie daran, daß Sie das

Geschlecht des Kindes herausfinden wollen, nicht das der Mutter, denn das kennen Sie ja schon.) Sehen Sie, was dabei herauskommt, und zeichnen Sie das Ergebnis auf. Wahrscheinlich müssen Sie noch eine ganze Weile warten, um herauszufinden, ob das Pendel das Richtige angezeigt hat.

Zum oben Geschilderten gibt es eine Variante, eine der wenigen kommerziellen Anwendungen des Pendels, die täglich an vielen Orten praktiziert wird, besonders in Japan. Es ist die Geschlechtsbestimmung befruchteter Hühnereier in Hühnerzuchtbetrieben. Wenn jemand in der Lage ist, die wertvollen weiblichen Küken von den relativ wertlosen männlichen zu unterscheiden, kann er damit viel Geld verdienen. Das ist jedoch nicht einfach. Wenn andere es können, warum sollten Sie es nicht können? Es erfordert jedoch einige Übung. Wahrscheinlich verfügen Sie zu Hause jedoch nicht über ein ganzes Fließband voller befruchteter Eier, an denen Sie üben können, aber ein kleiner Teich mit Goldfischen tut es auch. Falls Sie in Ihrem Vorgarten keinen haben, dann gehen Sie eben in den Park. Versuchen Sie es. Zeichnen Sie die Ergebnisse auf und überprüfen Sie sie auf alle möglichen Arten. Versuchen Sie es an verschiedenen Tieren. Was dabei herauskommt, ist auf jeden Fall interessant.

Das Hütchenspiel

Nach ein wenig Bewegung an der frischen Luft und dem Studium alles dessen, was da kreucht und fleucht, ist es vielleicht an der Zeit, wieder in die eigenen vier Wände zurückzukehren und sich mit einigen traditionellen Spielen wie dem »Hütchenspiel« zu befassen. – Ratespiele, inspirierte Vermutungen mit Hilfe des Pendels. Vergessen Sie nicht, daß ein Spiel ein Spiel bleiben sollte. Die Ergebnisse spielen keine Rolle, nur die Übung.

Fang den Hut. Das Hütchen befindet sich unter einem der drei Becher. Natürlich brauchen Sie einen Partner, der Ihnen hilft, die Becher untereinander zu vertauschen. Aber passen Sie auf, daß Ihr Partner das Hütchen nicht in seiner Tasche verschwinden läßt, das wäre wenig hilfreich. Obwohl auch das durch das Pendel angezeigt werden könnte. Vielleicht ein gutes Beispiel für die Antwort »Idiot«? Halten Sie das Pendel abwechselnd über jeden Becher. »Ist das Hütchen unter diesem Becher?« Spielen Sie damit. Wechseln Sie sich mit Ihrem Partner ab, einer vertauscht die Becher, der andere pendelt.

Noch einmal Computer: Wenn Sie einen Computer besitzen und ein wenig vom Programmieren verstehen, dann dürfte es Ihnen nicht schwerfallen, ein kleines Programm zu schreiben, das die Becher und das Hütchen simuliert und selbständig per Zufallsprinzip den Becher auswählt, unter dem das Hütchen verborgen ist. So können sie zumindest sicher sein, daß Ihr Partner das Hütchen nicht in seine eigene Tasche gesteckt hat. Zeigen Sie die »Becher« auf dem Bildschirm, markieren Sie abwechselnd jeden von ihnen und suchen Sie nach dem Hütchen, indem Sie das Pendel befragen.

Vergessen Sie nicht: Das Ganze ist ein Spiel. Sehen Sie es nicht zu verbissen, sonst werden Sie der Sache sehr schnell überdrüssig und fangen an sich zu langweilen. Außerdem wird es, wie wir bereits gesehen haben, ohnehin nach einer Weile nicht mehr funktionieren. Spielen Sie einfach damit. Es ist ja nur ein Spiel, wenn auch ein ernstzunehmendes.

Jetzt wollen wir einmal eine Variation des Themas versuchen. Nehmen Sie drei verschiedene Tees, drei Kaffeemischungen oder drei andere Dinge, die ziemlich gleich aussehen, und füllen Sie sie in drei Tassen oder Gläser. Halten Sie eine kleine Probe Ihrer Substanzen in der einen Hand und das Pendel in der anderen. Halten Sie das Pendel über jede einzelne Tasse, wobei Sie einen Teil Ihrer Aufmerksamkeit auf das Pendel, einen Teil auf den Inhalt der Tasse und einen weiteren auf die Probe richten. Das Ganze ist eine schöne geistige Jonglierübung, und Sie haben reichlich Gelegenheit, diese Fähigkeit spielerisch zu üben.

Bei diesem Spiel geht es darum, daß das Pendel eine »sympathische« Reaktion zwischen der Probe, die Sie in der Hand halten, und dem Inhalt der Tasse, in der sich dieselbe Substanz befindet, zeigen wird. Sympathetische Magie ist steinalt oder zumindest so alt wie der Mensch. Sehen Sie, bei welcher Tasse das Pendel reagiert. Spielen Sie das Spiel so lange, bis es bei wenigstens einer Substanz reagiert. Lassen Sie nicht zu, daß Ihr Pendel sein Spielchen mit Ihnen treibt.

Versuchen Sie einen ähnlichen Trick mit einem Kartenspiel. Es gibt ein altes Spiel: »Finde die Dame«. Sie nehmen drei Karten, zwei davon Zahlen, eine eine Dame, und legen alle drei verdeckt auf den Tisch. Welche ist die Dame? Finden Sie sie mit dem Pendel? Vielleicht stellen Sie über allen drei Karten dieselbe Frage: »Ist das die Dame?« oder Sie halten in der anderen Hand, sozusagen als Probe, eine weitere Dame einer anderen Farbe. Die amerikanischen Pendelspezialisten nennen das einen »Zeugen«. Vielleicht erfinden Sie ja auch eine ganz andere Methode. Schließlich bestimmen Sie selbst die Spielregeln.

Das letzte Spiel, das wir spielen wollen, heißt: »Der Krumme raus«. Dabei haben Sie vier Gegenstände, drei davon haben etwas gemeinsam, einer fällt aus dem Rahmen. Der leichte Teil dieses Spiels ist, den »Krummen« zu finden. Sie brauchen einfach nur das Pendel zu fragen, es über jedem der Gegenstände zu schwingen und die Frage dabei im Kopf zu haben: »Ist das der Krumme?« (Nicht etwa: »Welcher ist der Krumme?«, denn das würde das Pendel nur verwirren.) Nicht so leicht hingegen ist es, das Gemeinsame zu finden, was die anderen drei verbindet. Wir haben herausgefunden, daß eines anders ist als die anderen. Warum ist es anders? Wenn Sie das Pendel fragen, warum es anders ist, kann es nur mit Ja oder Nein antworten oder, was wahrscheinlicher ist, mit »Idiot«. Das ist natürlich nicht sehr hilfreich. Wir müssen uns also etwas anderes überlegen.

»Hier ist die Antwort, wie war doch gleich die Frage?« Wieder dasselbe Problem.Stellen Sie sich selbst die Frage. Schreiben Sie die Frage im Geiste in großen Buchstaben vor sich in die Luft, wie ein großes Reklameschild, das Ihnen vor die Augen gehalten wird. Sehen Sie, welche Antworten auftauchen – einmal mit, einmal ohne Pendel. Überprüfen Sie die Antworten mit dem Pendel. Anstatt Fragen zu beantworten, stellen wir diesmal Antworten in Frage. Sehen Sie, welche neuen Fragen aus den Antworten, die Sie erhalten, erwachsen. Überprüfen Sie die Antworten auf diese Fragen. Und so weiter. Lineares Denken, der grobe Schmiedehammer der Logik, bringt uns hier nicht weiter. Hier müssen wir subtiler vorgehen, auch einmal riskieren, eine Zeitlang im trüben zu fischen. Rückwärts denken, seitwärts, in alle Richtungen, nur nicht in offensichtlich geraden Linien, denn der »gemeinsame Faktor« ist wahrscheinlich auf den ersten Blick überhaupt nicht zu sehen.

GEDANKEN ÜBER DAS DENKEN

Die Wichtigkeit des Nicht-Denkens

Nun, da Sie bereits über einige Praxis verfügen, kann ein wenig Theorie nicht schaden und ist an dieser Stelle auch sinnvoll.

Es hat also funktioniert. Sie haben zwar nichts Sensationelles, aber zumindest einige glaubwürdige Ergebnisse erhalten. Sie haben es sich in der Praxis selbst bewiesen.

Aber was hat funktioniert? Was auch immer da funktioniert hat, es hat am besten funktioniert, wenn Sie nicht sehen konnten, daß es funktioniert. Es ging am besten, wenn Sie es ganz sich selbst überlassen haben. Wenn Sie hingegen versucht haben, etwas zu erzwingen, dann ging es nicht. Je intensiver Sie hinsehen, desto weniger gibt es zu sehen. Es löst sich einfach in Nichts auf. Wenn Sie jedoch so tun, als würden Sie sich von Ihrem Pendel abwenden, und vergessen, daß es überhaupt noch da ist, dann fängt es fröhlich an zu schaukeln und tut, was von ihm erwartet wird. Wie ein scheues, kleines Tier.

Es ist, als wenn man in einer klaren Sternennacht einen schwach leuchtenden Stern beobachten will. Am äußeren Rand des Gesichtsfeldes kann man ihn leicht sehen, aber wenn man ihn direkt anschaut, verschwindet er. Das Zentrum des Gesichtsfeldes kann zwar Farben sehen, während die Peripherie dies nicht kann, dafür ist es aber weniger empfindlich gegenüber schwachem Licht. Je genauer man hinschaut, desto weniger kann man sehen. Da unser Blick zur Mitte hin immer schärfer wird, muß, so scheint es zumindest, logischerweise die Mitte des Gesichtsfeldes für alles, was man sehen will, am besten geeignet sein. Tatsächlich ist es jedoch anders. Statt dessen müssen wir, um etwas besser sehen zu können, uns die Mühe machen wegzusehen. Seltsam.

Dasselbe trifft für den Gebrauch des Pendels zu. Wir bringen es am besten zum Funktionieren, wenn wir nicht sehen, wie es funktioniert. Wir können am besten darüber nachdenken, indem wir einsehen, daß wir nicht darüber nachdenken können. Geistige Klimmzüge – kein Wunder, daß es viele Menschen gibt, denen das Pendeln als etwas nicht ganz Normales vorkommt.

Ein Ursachenchaos

Der schlimmste Fehler, den man machen kann, ist der Versuch herauszufinden, wie ein Pendel wirklich funktioniert, woher die Antworten wirklich kommen, was wirklich das Pendel in Bewegung versetzt. Das wird jeden, der es versucht, zum Wahnsinn treiben. Am besten, Sie kümmern sich überhaupt nicht darum und machen einfach weiter.

Nun gut. Wenn Sie darauf bestehen ... Sie wollen also eine Antwort, nicht eine der üblichen ausweichenden Bemerkungen. Es muß doch eine einzelne Ursache, eine einfache Erklärung geben, warum das so ist. Es gibt doch für alles eine Erklärung, oder nicht? Eigentlich nicht. Um ganz ehrlich zu sein, es gibt keine solche Erklärung. Das ist tatsächlich das Problem, das ist der Fehler, auf den wir immer wieder gestoßen werden.

In der Schule hat man uns gelehrt, daß es für alles eine einfache Erklärung gibt, daß man zeigen kann, daß alles von etwas anderem auf eine erkennbare Weise verursacht wird. Solange Sie es bei diesen schulischen Platitüden belassen, die alles fein säuberlich erklären, können Sie tatsächlich bei dieser Auffassung bleiben. Alles paßt zueinander, alles ist berechenbar und funktioniert gemäß den »Gesetzen der Natur« – jedenfalls solange Sie nicht allzu genau hinschauen. Dann zeigt sich nämlich, daß es für alle Regeln Ausnahmen gibt. Und diese Ausnahmen, so erzählt man uns, bilden dann wieder neue Regeln. Das sind die Regeln, die man im Anschluß an die Schule auf der Universität lernt. Das wäre ja nun alles schön und gut, wenn es nicht auch zu diesen Regeln wieder jede Menge Ausnahmen gäbe... und so weiter, *ad infinitum*. Alle sogenannten »absoluten« Regeln stellen sich irgendwann als vage Beschreibungen heraus, die illustrieren, wie die Dinge *meistens* funktionieren, höchstwahrscheinlich, solange man sich um ein paar Unregelmäßigkeiten hier und da nicht schert. Diese Unregelmäßigkeiten sollte man am besten einfach ignorieren. Man versichert uns eifrig, daß sie in Wirklichkeit keine große Rolle spielen.

Und das, so erzählt man uns, sei die »wissenschaftliche Wahrheit« (selbst wenn die Wissenschaft, wie sie praktiziert wird, nicht mehr viel Ähnlichkeit mit wirklicher Wissenschaft hat). Kehren wir die paar Unregelmäßigkeiten einfach unter den Teppich, und schon sind sie verschwunden. Nur schade um den schönen Teppich...

Sie wollen es immer noch wissenschaftlich erklären? Weil es, wenn man es nicht erklären kann, nicht funktionieren kann? Nun gut, versuchen wir, wissenschaftlich zu sein und das Pendeln auf eine einfache Ursachenkette zu reduzieren und auf Ereignisse zurückzuführen, die von anderen Ereignissen, anderen Gründen verursacht werden.

Erstens wissen wir, daß das Pendel sich bewegt, weil Ihre Hand sich bewegt. Das ist völlig normal und hält sich vollkommen an die Regeln der Physik. Soweit gibt es nichts Übernatürliches am Pendeln.

Ihre Hand bewegt sich, weil eine reflexartige Reaktion Ihrer Muskeln ausgelöst wird. Auch das ist völlig normal und entspricht den Regeln der menschlichen Physiologie –

oder vielmehr dem, wovon wir gewöhnlich hoffen, daß es die Regeln der Physiologie sind.

Diese Reflexreaktion wird ausgelöst durch... äh... äh... Vergessen wir das lieber, oder? – Nein? Nun ja, Sie wollten es ja nicht anders:

Sie wird durch Wärme ausgelöst, durch Veränderungen in der Atmosphäre, Aufnahme von Ultraschallwellen, winzige Veränderungen in magnetischen Feldern, Radiowellen, geologische und kosmische Strahlung, ultrasensitive Geruchswahrnehmungen, bestimmte Strahlungen (die physikalischer Art sein müssen, obwohl bisher noch niemand vermocht hat, sie zu messen), durch Resonanz zwischen der Länge der Kette, an der das Pendel hängt und der natürlichen Schwingung des Gegenstandes, nach dem Sie suchen, durch Gedankenübertragung zwischen Ihnen und Ihrer Katze (die es irgendwie gewußt haben muß), durch Zugang zum kollektiven Unbewußten, Astralprojektion, eine Botschaft Ihrer verstorbenen Großmutter oder einen kleinen Dämon, der Sie an der Hand nimmt und führt, und Sie meinten plötzlich Ihre Hand bewegen zu müssen. Und wenn alles nicht mehr zieht, gibt es immer noch die alte Lieblingsausrede: Alles Zufall.

Ein Chaos von Ursachen – oder Nicht-Ursachen. Sie haben die Wahl, sie können sich aus einer Vielzahl von Möglichkeiten eine aussuchen.

All dies sind mögliche Erklärungen. Alle sind irgendwie brauchbar. Ich habe, seit ich mich mit Pendeln beschäftige, Beweise für die Wahrheit sämtlicher aufgezählten Ursachen gesehen, jede auf ihre eigene Art. Sie können, wenn Sie Lust haben, nach Belieben weitere hinzufügen. In gewissem Sinn stimmt jedoch keine einzige, denn die meisten schließen sich gegenseitig aus, und nur sehr wenige sind wirklich einleuchtend.

Und Sie hatten gedacht, es gäbe eine einzige, hübsche, ordentliche und einfache Erklärung?

Für sich allein genommen ist keine dieser Erklärungen von großem Nutzen. Jede erklärt nur einen Aspekt und schließt dann andere Möglichkeiten aus. Die Erklärungen halten Sie davon ab, daß es Ihnen gelingt, Ihre eigene Erklärung zu finden. Die gebräuchlichste Erklärung ist die, daß es sowieso nicht funktioniert, weil es nicht wissenschaftlich ist. Das Pendeln hat sich dem Naturgesetz des Zufalls unterzuordnen. Eine Erklärung, mit der wir uns immer schön im Kreis bewegen können, aber sonst nichts. Die einzige Möglichkeit, dem Teufelskreis zu entkommen, besteht darin, zu sehen, daß die Erklärungen im Grunde überhaupt nicht wichtig sind. Die Anwendung ist wichtig.

Wenn Sie sich eine Erklärung aussuchen, nach der es so gut wie unmöglich ist, daß das Pendel überhaupt funktioniert, dann wird es auch so gut wie unmöglich sein. Wenn Sie eine Erklärung erfinden, die es leicht macht, dann wird es plötzlich leicht – oder zumindest etwas leichter. Warum soll man es sich unnötig schwer machen? Am besten, Sie versuchen gar nicht erst, eine einleuchtende Theorie des Pendelns zu entwickeln, es wird Ihnen ohnehin nicht gelingen. Lassen Sie die Praxis für sich selbst sprechen, lediglich darauf kommt es an. Dann können Sie jede beliebige Erklärung nehmen, ganz gleich, wie banal oder verrückt sie sein mag. Es ist nur wichtig, daß die Erklärung die Dinge nicht erschwert, sondern *der praktischen Anwendung* einen Sinn verleiht.

Daher spreche ich immer wieder davon, daß das Pendel Teil einer Technologie, einer »praktischen Kunst«, und nicht einer Wissenschaft ist. Technologie ist keineswegs »angewandte Wissenschaft«. Vielleicht benutzt sie hin und wieder einige wissenschaftliche Ideen, aber sie muß überhaupt nicht auf die strengen Beschränkungen der Wissenschaft angewiesen sein.

In der Wissenschaft müssen wir ständig vorgeben, alles zu wissen, alles zu verstehen. Alles muß sich in eine zusammenhängende Struktur von Ursachen und Wirkungen einfügen, ein geschlossenes Netz der Logik ohne offene Enden. Wenn etwas nicht paßt, dann sehen wir dumm aus. Aus diesem Grund werden viele Wissenschaftler bei übernatürlichen Phänomenen nervös. Wenn irgend etwas nicht gezwungen werden kann, in die Struktur zu passen, dann ist es geeignet, das ganze wunderschöne Gebäude, das über so viele Jahrhunderte hinweg errichtet worden ist, zu zerstören. Die Lösung, die viele Wissenschaftler also vorziehen, wenn sie mit so seltsamen Dingen wie dem Pendeln konfrontiert werden, besteht darin zu sagen, daß es gar nicht funktionieren kann, weil es nicht in das System paßt. In Wirklichkeit hat dieses Denken überhaupt nichts mit Wissenschaft zu tun. Es ist eine Parodie auf die Wissenschaft, eine sehr gewöhnliche dazu.

In der Technologie haben wir jedoch kein solches Problem. Wir müssen die Dinge nicht erst passend machen. Sie müssen nur funktionieren, ganz gleich, ob sie in jemandes Regeln passen oder nicht. Wir haben keinerlei Schwierigkeiten, uns einzugestehen, daß es so etwas wie Allwissenheit nicht gibt. Wir geben zu, daß wir eigentlich gar nicht so genau wissen, wie die Dinge funktionieren, statt dessen machen wir einfach weiter. Wir haben keine Vorstellung, warum so ein einfacher Gegenstand wie eine Glühbirne überhaupt funktioniert. Wenn man den Erklärungen einmal auf den Grund geht, findet man heraus, daß jede einzelne auf verschiedenen unbekannten Faktoren basiert. Wir wissen zum Beispiel überhaupt nicht, was Magnetismus und Elektrizität wirklich sind. Aber wir können sie gebrauchen. Dabei suchen wir natürlich nach Erklärungen, die es uns leicht machen, und nicht nach solchen, die uns in der Praxis behindern.

Also machen wir's genauso mit dem Pendel. Wir kennen die Grundlagen, mit denen wir es uns leichter machen können. Wir müssen das Pendel so halten, daß es sich frei bewegen kann und nicht gegen den Wind ankämpfen muß. Wir wissen ebenfalls, daß ein Nachdenken über die Ursachen oder der Versuch, die Bewegungen des Pendels zu kontrollieren, anstatt sie »von selbst« geschehen zu lassen, eher schadet als nutzt. Wir wissen nicht, warum das so ist, aber wir wissen, daß es so ist, und das soll uns fürs erste genügen. Fahren Sie einfach fort und nutzen Sie dieses Wissen. Machen Sie sich keine Gedanken darüber. Das Pendel ist glücklich, wenn es für Sie arbeiten kann, wie Sie mit der Zeit und zunehmender Übung sicherlich selbst herausfinden werden.

Der Weg durchs Labyrinth

Jede neue Fertigkeit, die Sie erlernen, ist wie ein verwirrendes Labyrinth. Zuerst funktioniert es wunderbar, dann plötzlich überhaupt nicht mehr. Ihr Anfängerglück verwandelt sich in Anfängerschwierigkeit, während Sie sich immer verzweifelter anstrengen, zu der Leichtigkeit zurückzukehren, mit der Sie begonnen hatten. Sich allzu sehr anzustrengen kann problematisch sein: »Entspannen Sie sich, zum Donnerwetter!«

Ich fand es immer nützlich, mir vor Augen zu halten, daß ein Lernprozeß ähnliche Züge trägt wie ein Labyrinth. Am deutlichsten tritt das bei der antiken Form des Labyrinths zutage, die man in vielen alten Kulturen finden kann. Diese Labyrinthe bestehen nur aus einem einzigen Pfad, und wenn man nicht zwischendurch schlappmacht, kommt man immer ans Ziel.

Wenn man in das Labyrinth hineingeht, kommt man gleich zu Anfang der eigentlichen Mitte sehr nahe. Wir nennen das »Anfängerglück«. Man weiß, worin das Ziel besteht, aber kennt den »richtigen« Weg nicht. Da man das Ziel erreichen will, bewegt man sich in seine eigene Richtung,

Das Labyrinth

auf die eigene Weise, so, wie es einem am besten paßt. Man ist jedenfalls nicht gleich wirklich am Ziel, nur fast. Man sagt sich, daß man sich noch hier und da verbessern kann, denkt viel nach, befragt verschiedene Autoritäten, die gerade des Weges kommen (in der anderen Richtung, wie man später festellen wird), und strengt sich noch mehr an. Trotzdem verfehlt man immer wieder knapp das Ziel, bewegt sich in Schlangenlinien.

Irgendwann kommt man an eine andere Biegung. Man merkt, daß man so nicht weiter-, der Mitte nicht näherkommt. Tatsächlich ist man noch weiter davon entfernt, als man am Anfang war. Am besten, man versucht es einmal auf eine andere Weise. Dann macht man wieder einen großen Bogen, diesmal noch weiter weg von der Mitte als vorher. Schließlich merkt man, daß auch das nicht der richtige Weg war und man besser doch so weitermacht wie am Anfang. Also muß man noch einmal einen großen Bogen machen, diesmal noch weiter außerhalb als je zuvor.

Wenn man der Stelle, von der man ausgegangen ist, wieder nahekommt, erkennt man plötzlich, daß man noch weiter weg vom Ziel ist als am Anfang. Man sagt sich: Ich bin nutzlos. Ich werde es niemals lernen. Warum gebe ich nicht gleich auf? Es ist alles so sinnlos.

Schafft man es jedoch, diese letzte Kurve zu kriegen, anstatt vor lauter Verzweiflung aus dem Labyrinth auszusteigen, dann ist man in kürzester Zeit ganz nahe am Zentrum. Plötzlich bekommt man wieder einen riesigen Aufschwung. Wir nennen das den »zweiten Wind«. Aber gleich darauf werden die Dinge wieder schlechter. Nachdem man noch einmal um das Zentrum herumgegangen ist (diesmal jedoch in der anderen Richtung), merkt man, daß man sich immer weiter entfernt. Der Pfad dreht und wendet sich, und schließlich hat man das Gefühl, als würde man immer im Kreise laufen.

Aber dann, völlig ohne Vorwarnung, ist man plötzlich am Ziel. Im Zentrum, an dem Ort, den man seit so langer Zeit erreichen wollte. Man beherrscht, was man beherrschen wollte. Man *weiß*, daß man nun das Wissen besitzt, wie man das Pendel nutzen, wie man sich damit nützlich machen kann. Vielleicht war die Reise länger, als es am Anfang den Anschein hatte. Die einzige Schwierigkeit besteht jetzt darin, sämtliche Schritte noch einmal nachzuvollziehen, um anderen zeigen zu können, wie man hierhin gelangt ist. Man wird seine Mitmenschen unweigerlich verwirren mit dem, was man sagt, denn man blickt immer aus der eigenen Position des Wissenden nach außen, während die anderen ohne dieses Wissen nach innen schauen müssen. Das ist verwirrend und bisweilen frustrierend.

Der Erwerb sämtlicher Fertigkeiten spielt sich nach diesem Muster ab. Bei den meisten ist es jedoch nicht so offensichtlich. Es gibt zu viele mechanische Details zu lernen, zu viele Handhabungen zu beherrschen. Der Prozeß selbst tritt dabei in den Hintergrund. Aber das Erlernen des Pendelns ist in dieser Hinsicht auch nichts anderes als das Erlernen von Fähigkeiten wie Kochen oder Tischlern. Manchmal sieht man jedoch kaum, was man alles gelernt hat, und der Prozeß ist völlig unscheinbar. Auch Sie können es lernen und haben bereits eine Menge gelernt, selbst wenn Sie es vielleicht noch gar nicht bemerkt haben.

Zufall und Einbildung

Eine beliebte Erklärung vieler Menschen, die beobachten, wie ein Pendel durch seine Bewegungen geht, ist: »alles Zufall«, die völlig verallgemeinerte Feststellung, daß man alles, was man nicht versteht, was nicht in die Regeln paßt, als Zufall abtun kann. Wenn es nicht möglich ist, das Phänomen auf einen einzigen zutreffenden Grund zurückzuführen, und zwar auf die beste schulwissenschaftliche Weise – was wir, wie wir gesehen haben, in unserem Fall nicht können –, dann kann es unmöglich etwas anderes sein als »Zufall«.

Das Problem ist, daß genau das der Fall ist. Die Reaktionen des Pendels sind nichts anderes als Zufälle. Und was noch schlimmer ist: Es sind Zufälle, die sich auf Dinge beziehen, die überwiegend eingebildet sind. Wie ich bereits erwähnte, ist eine der kürzesten und zutreffendsten Beschreibungen des Pendelns diese: Es ist rein zufällig und beruht größtenteils auf Einbildung.

Damit wäre wohl alles, was wir bisher getan haben, zunichte gemacht. Wenn es rein zufällig ist, dann kann es keine Bedeutung haben. Es ist jedoch nicht zu bestreiten, daß es brauchbare Ergebnisse geben kann. Ihre anfänglichen Ergebnisse waren zwar nicht sehr glanzvoll, aber Sie waren zum Beispiel durchaus in der Lage, die Karten einigermaßen nach Farben zu sortieren (wenigstens, wenn Sie sich nicht allzusehr angestrengt haben). Außerdem haben Sie mit Hilfe des Pendels die der Probe entsprechende Tasse Tee gefunden und konnten feststellen, in welcher Richtung die Batterie im Kasten lag.

Etwas »reinen Zufall« zu nennen, ist eigentlich überhaupt keine Erklärung. Es ist Ratlosigkeit, Nicht-Erklärung. Man drückt sich davor, etwas zu erklären, weil man genau weiß, daß es keine Erklärung gibt. Außerdem sind Erklärungen, wie wir gesehen haben, nur von Nutzen, wenn sie uns einen besseren Weg zur Nutzung des Pendels zeigen können. Wenn nicht, sind sie nutzlos. Schlechter noch als nutzlos, denn sie können uns den Weg verbauen.

Das Pendel funktioniert – oder besser: Es teilt Ihnen mit, daß Sie funktionieren, indem es allem Anschein nach völlig selbständig funktioniert. Mit dem Pendel sowie mit Ihrem Gebrauch des Pendels ist alles in bester Ordnung. Falsch ist nur das allgemeine Verständnis dessen, was angeblich Zufall ist und was nicht oder was eingebildet und was real ist.

Wir sollten uns also diese Angelegenheit, die angeblich »völlig zufällig und größtenteils eingebildet« ist, doch noch einmal näher anschauen.

Alles Zufall

Gewöhnlich regen sich einige Leute ziemlich auf, wenn ich die Reaktionen des Pendels als »puren Zufall« beschreibe. Es klingt zu abschätzig. Vielleicht haben Sie aber in der Zwischenzeit gemerkt, daß ich das überhaupt nicht so meine. Ich finde es zwar auch nicht richtig, wenn man dem

Zufall eine zu große Bedeutung beimißt. Ich habe jedoch schon viel zu oft gesehen, wie jemand die Folgen eines ganz alltäglichen Ereignisses als Beweis des Übernatürlichen oder als ungeheuer bedeutsam angesehen hat. Solche Probleme können wir uns ersparen.

Meine Schwierigkeit hier besteht darin, daß ich nicht gern neue Worte erfinden möchte, und es fällt mir einfach kein besseres ein als *Koinzidenz*, sozusagen eine Sonderform des Zufalls. Sicherlich könnte ich hier auch den Begriff »Synchronizität« aus der Jungschen Psychologie einführen, aber ich würde dessen Bedeutung in diesem Rahmen sicher unnötig überstrapazieren. Im allgemeinen gilt, daß ein Ereignis entweder rein zufällig zustande kommt oder als Synchronizität beziehungsweise bedeutsame Koinzidenz. Für Jung hatte der Begriff der Synchronizität jedoch eine spezifische Bedeutung in Hinsicht auf Zeit, *synchron* heißt eigenlich »gleichzeitig«. Das Problem ist, daß beim Pendeln das einzige, was wir nicht haben, diese »Gleichzeitigkeit« ist, wenn wir es benutzen, um Dinge herauszufinden, die sich mit der Zeit entwickelt haben, wenn wir beispielsweise herausfinden wollen, wo sich eine Wasserader gebildet hat oder wie der Fluß im vorigen Jahr verlaufen ist. Was wir hingegen haben, ist ein Zusammentreffen, eine Koinzidenz von zwei verschiedenen Zeiten – Gegenwart und Vergangenheit – an einem Ort. Es ist also viel leichter, bei Zufall oder Koinzidenz zu bleiben und diese in ihrer ursprünglichen Bedeutung zu gebrauchen, anstatt den Begriff Synchronizität über die Maßen zu strapazieren.

An dieser Stelle möchte ich jedoch eines klarstellen: Wenn man versucht, etwas dadurch abzutun, daß man sagt, »das ist doch purer Zufall«, hat man damit noch gar nichts erklärt. Tatsächlich geht man damit an der Sache vorbei und gebraucht eine Pseudoerklärung, die uns überhaupt keinen Aufschluß gibt. Wenn zwei Dinge aufeinandertreffen, können wir das genausogut Zufall wie Koinzidenz nennen. In der Sprache der Naturwissenschaften heißt das ein »Ereignis«. Nichts anderes ist der »Zufall«, ein Ereignis, bei dem zwei Dinge in Raum und Zeit zusammentreffen. Dabei ist noch nichts über den Sinnzusammenhang der Begebenheit ausgesagt. Eine Koinzidenz allein hat noch keine Bedeutung. Zufall und Bedeutung sind zwei völlig verschiedene Ebenen.

Ein Zufall oder ein Ereignis hat keine Bedeutung – es ist lediglich ein Ereignis. Was es bedeutet, hängt nicht von dem Ereignis selbt ab, sondern von dem Kontext, in dem das Ereignis stattfindet, davon, was sonst noch am selben Ort zur selben Zeit passiert. Das heißt, daß wir selbst einem Zufall eine Bedeutung beimessen, je nachdem für wie bedeutsam wir ihn halten und ob wir in ihm eine geordnete Abfolge von Ereignissen sehen. Wir sehen in einem Ereignis etwas, das wir für einen geordneten Ablauf von Zufällen halten. Der letzte Teil dieses Ablaufes, die jüngsten Ereignisse, sind durch die früheren Stufen des Prozesses verursacht. Das ist eine echte Erklärung, denn sie richtet sich nach den Gegebenheiten. Diese Gegebenheiten sind jedoch gleichfalls Zufälle, Ereignisse. Dabei ist es eine rein akademische Frage, ob der geordnete Ablauf der Ereignisse tatsächlich existiert oder ob wir uns die Ordnung nur einbilden, weil es sich so leichter erklären läßt. Was war zuerst da: die Erklärung oder das Ereignis? Wir selbst bestimmen, was »Wirklichkeit« und was »Zufall« ist. Wir selbst suchen uns die Ereignisse aus, die wir für Signale für unser Leben halten, und tun andere als unwichtige Nebensächlichkeiten ab.

Wenn wir diese Auswahl nicht treffen würden, müßten wir schier verzweifeln, denn wir wären nicht imstande, Wesentliches von Unwesentlichem zu trennen. Wir nennen das »Urteils-« oder »Unterscheidungsvermögen«, können es aber genausogut »gesunden Menschenverstand«

nennen. Es liegt an uns, was wir in diesem Zusammenhang für gesund und normal halten und was nicht. In gewissem Sinne haben wir es hier mit einer paradoxen Situation zu tun, die von Stan Gooch auf den Nenner gebracht wurde: »Man muß die Dinge nicht nur sehen, um sie zu glauben, sondern man muß auch an sie glauben, um sie zu sehen.«

Das überschreitet jedoch bei weitem das Spiel mit einem Pendel, wir sollten daher besser wieder auf unseren Punkt kommen. Also: Was hat das alles mit unserem Gebrauch des Pendels zu tun? – Sehr viel, denn die Reaktionen des Pendels beruhen vollständig auf Zufall. Welche Bedeutung wir daraus ziehen können, hängt davon ab, was wir zur gleichen Zeit und am selben Ort als Geschehen erkennen.

Wir wollen immer nur das sehen, was wir erwarten, und haben große Schwierigkeiten, Dinge zu sehen, die wir nicht erwarten. Wir stellen eine Frage – und erwarten eine Antwort. Die Reaktion des Pendels steht in Koinzidenz mit der Frage: ja oder nein. So hoffen wir zumindest. Die Antwort erhält ihre Bedeutung aus der Koinzidenz der Frage mit der Reaktion des Pendels.

Der Haken dabei ist: Die Frage ist immer die gesamte Frage innerhalb des Gesamtzusammenhanges, in dem die Reaktion auftritt, nicht nur die Frage, von der Sie dachten, daß Sie sie so klar in Ihren Gedanken formuliert hatten. Absolut alles, einschließlich der Tatsache, daß Sie letzten Dienstag Marmelade zum Frühstück hatten und es im Moment in Guatemala regnet. Alles kann einen Einfluß auf die Reaktion des Pendels haben.

Fast immer, wenn es um Technologie geht, schummeln wir ein bißchen. Wir sagen, daß ausschließlich bestimmte Informationen innerhalb bestimmter Grenzen eine Rolle spielen. Wir nennen diese Grenzen »Naturgesetze«. Fernsehprofessoren und andere, deren geistiges (und finanzielles) Wohlergehen davon abhängt, daß alle glauben, was sie sagen, werden uns sicherlich erzählen, daß diese Naturgesetze die Gesamtheit des Universums definieren. Das beweist – und darauf werden sie bestehen –, daß alles, was nicht in diese Gesetze paßt, »übernatürlich« ist und – so schließen sie messerscharf – daher nicht wahr sein kann.

Tatsächlich sind diese Gesetze jedoch ganz anders. In Wirklichkeit wissen wir nämlich sehr wenig, und es ist nicht schwer zu beweisen, daß wir niemals alles wissen können (außer vielleicht in einem sehr vorübergehenden, intuitiven Sinn). Und wenn wir nicht alles wissen, können wir uns niemals ganz sicher sein. Im Bereich der praktischen Erfahrung und in der realen Welt unserer Versuche, die Dinge so zu gestalten, wie wir sie gerne hätten, hat das zur Folge – wie jeder Ingenieur bestätigen wird –, daß es nur ein einziges universales Gesetz gibt. Normalerweise wird dieses Gesetz »Murphys Gesetz« genannt. Es ist ein sehr einfaches Gesetz: »Wenn etwas schiefgehen *kann, wird es* aller Wahrscheinlichkeit nach auch schiefgehen – und das höchstwahrscheinlich auf die schlimmstmögliche Weise.«

Das Problem ist, daß immer irgend etwas schiefgehen kann, denn es gibt immer etwas, das wir nicht mit einkalkuliert hatten. Es gibt immer etwas, das wir nicht wußten.

Alle sogenannten »Naturgesetze«, die man uns in der Schule, an der Universität und danach beigebracht hat, sind in der Praxis lediglich grobe Richtlinien, eine Art Normalzustand, an den sich für gewöhnlich aller Erfahrung nach die Natur hält – jedenfalls wenn sie in der Stimmung ist, sich kooperativ zu verhalten. Murphys Gesetz hingegen ist wirklich ein Gesetz. Eine absolute, unveränderliche Regel. Endgültig.

Murphys Gesetz ist jedoch nur die eine Seite, die pessimistische Seite von etwas, das viel weitreichender ist. Ingenieure werden dafür bezahlt, daß sie vorsichtig sind. Murphys Gesetz hat also auch noch eine entgegengesetzte, eine mehr optimistische Seite, die aus der magischen Tradition und anderen Traditionen bekannt ist. Wir könnten dieses Gesetz vielleicht »Nasruddins Gesetz« nennen, nach dem exzentrischen Helden aus Idries Shahs berühmten Sufigeschichten. Es ist genauso einfach wie Murphys Gesetz: »Wenn etwas gelingen *kann, wird* es wahrscheinlich irgendwann gelingen – und das meistens auf die unerwartetste Weise.«

Die einzige Schwierigkeit bei Nasruddins Gesetz besteht darin, daß es völlig unberechenbar und willkürlich ist. Alles ist möglich, und alles und nichts ist wahr. Es gibt keine definierbare Ursache und keine Wirkung, nur ein Gefühl, daß Dinge geschehen, weil es so ist und nicht anders. Um damit etwas anfangen zu können, muß man auf alles gefaßt sein. Im Trüben fischen, wenn Sie so wollen. Und wenn Ihnen etwas nicht paßt, dann müssen Sie sich eben entziehen und sich am besten verstecken, irgendwo in einer endlosen Menge von Informationen, in der alles geschieht, jetzt und irgendwann, irgendwo, alle Koinzidenzen, Ereignisse. Ein im Grunde bedeutungsloser Morast – es sei denn, es gelingt Ihnen irgendwie, eine Bedeutung herauszuziehen, die Fakten zu angeln, die Sie finden wollen.

Letztlich ist es uns beim Gebrauch des Pendels gleichgültig, auf welche Weise wir an die Information kommen – aus welcher Quelle, materiell oder immateriell, wir schöpfen oder durch welchen Kanal oder Mechanismus wir etwas erfahren. Es kommt uns lediglich darauf an, daß die *richtige* Information bei uns ankommt und daß sie sich zeigt, indem sie eine Reflexbewegung in dem Arm verursacht, der das Pendel hält, und eine Pendelreaktion erzeugt, die wir vorher als Ja oder Nein oder eine andere wiedererkennbare Interpretation definiert haben.

Es ist uns völlig egal, worin der Mechanismus besteht. Wir provozieren Nasruddins Gesetz, ohne lange herumzuprobieren, und sehen, was dabei herauskommt. Was es jedoch bedeutet, hängt ganz vom jeweiligen Zusammenhang ab, das heißt von uns selbst. Die Regeln, die Bedeutung definieren, sind nicht in fremden »Naturgesetzen« festgeschrieben, sie werden von uns selbst definiert. Das kann sehr beunruhigend sein, manchmal sogar beängstigend. Bei der Beschäftigung mit dem Pendel kommen wir mit einer Welt der Ungewißheit in Berührung, in der alles und nichts wahr ist und die Dinge gleichzeitig real und eingebildet sein können.

Nichts ist sicher, soviel steht fest. Die einzige Konstante ist der stete Wandel, und selbst der ist nicht konstant. Wir verwenden Erklärungen, mit deren Hilfe wir Dinge festlegen können, um Gewißheit zu erlangen, und was geschieht? Die Dinge halten uns zum Narren und machen sich über uns lustig. Realität und Phantasie verlieren ihre scharfen Konturen, aber genau dort, wo alles dem Zufall überlassen bleibt und sich überwiegend in der Phantasie abspielt, können wir am meisten erreichen.

Bilderwelten – Welten der Einbildung

Ein klassischer Fehler, den wir schon in der Schule beigebracht bekommen, besteht darin, daß wir die physische Welt, die wir greifen, riechen und sehen können, als die einzige Möglichkeit sehen, in der die Dinge zur Realität werden. Diese Vorstellung ist so tief in unserer Kultur verwurzelt, daß es uns nicht leicht fällt zu sehen, daß es sich dabei nur um eine Annahme handelt und um nichts Absolutes, Feststehendes. Es ist beispielsweise oft ein Fehler, überhaupt zu fragen, ob etwas real oder eingebildet ist, denn die Antwort müßte auf beides »Ja« lauten. Es ist gleichzeitig sowohl real als auch eingebildet. Es ist real, aber in einem imaginären Sinne.

Wer schon einmal einen Hund oder eine Katze im Schlaf

beobachtet hat, wird gemerkt haben, wie die Pfoten des Tieres hin und wieder zucken; die Katze fährt ihre Krallen aus, und der Hund macht Bewegungen, als würde er rennen. Das Tier geht in seinen Träumen auf Jagd, sieht Beute. Alles ist völlig eingebildet und doch real, sonst würde man ja nicht die Auswirkungen beobachten können. Sie selbst als Beobachter sind zwar nicht unmittelbar an dem Traum Ihres Haustieres beteiligt, aber wenn die Katze auf Ihrem Schoß liegt und träumt, werden die Krallen, die sich in Ihren Oberschenkel bohren, für Sie deutlich spürbare Realität.

Ein anderes Beispiel: Stellen Sie sich eine Orange vor. Sie schwebt über den Seiten dieses Buches. (Schon gut, Orangen schweben normalerweise nicht in der Luft, aber diese tut es. Sie ist eingebildet, sie muß sich also nicht an die Regeln der Schwerkraft halten.) Schauen Sie sich die Orange an. Sehen Sie ihre Farbe, ihre Beschaffenheit. Sehen Sie sich den kleinen Aufkleber an, den man in dem eingebildeten Laden, in dem Sie Ihre eingebildete Orange gekauft haben, draufgeklebt hat. Strecken Sie Ihre Hand aus und berühren Sie die Orange. Fühlen Sie ihre Schale, ihr Gewicht, ihren Geruch. Drücken Sie sie ein wenig, fühlen Sie, wie sie ein bißchen nachgibt. Jetzt drücken Sie Ihren Fingernagel in die Orange. Passen Sie auf, daß Ihnen der Saft nicht in die Augen spritzt! Nun können Sie die Orange auch riechen. Fangen Sie an, die Orange zu schälen. Trennen Sie ein Stück der Orange heraus. Stecken Sie das Stück in den Mund, lassen Sie es einen Moment auf der Zungenspitze liegen, wie ein eingewickeltes Bonbon. Es schmeckt nicht besonders stark. Jetzt beißen sie hinein ... und schmecken, wie der Saft sich in Ihren Mund ergießt! Sie haben ihn gefühlt, gerochen, angefaßt, auf eine Weise, die wir festhalten und physikalisch messen könnten. Die Orange ist also real – real *und* eingebildet, beides gleichzeitig.

Gut. Die Dinge können also real und eingebildet gleichzeitig sein. Sehr interessant. »Und was nützt das?« werden Sie jetzt fragen. Die Antwort besteht darin, daß dies die Art und Weise ist, wie wir den Kontext gestalten können, in dem die Reaktionen des Pendels ihre Bedeutung erhalten. Wir konstruieren ein vollständiges Bild von etwas, nach dem wir suchen, und finden es dann in Form einer Koinzidenz. »Völlig zufällig und überwiegend eingebildet«, so habe ich das Pendeln genannt. Spätestens jetzt sollte diese Behauptung anfangen, einen Sinn zu ergeben.

Auf gewisse Weise spielen wir nun wieder mit sympathetischer Magie. Wir sagen, daß das Pendel eine »sympathische« Reaktion auf das Zusammenfallen dessen, was wir suchen, mit dem Ort, an dem wir sind, zeigt. Dabei brauchen wir uns keine Gedanken über eine logische Verbindung oder einen Grund zu machen. Beides – das, was wir suchen, und der Ort, an dem wir sind – ist, zumindest teilweise, in unserer Phantasie definiert.

Normalerweise sagen wir, wir »sind« da, wo wir sitzen oder stehen. Wir definieren unsere Position physisch. Wenn mich aber jemand unterbricht, während ich gerade über etwas nachdenke, dann sage ich: »Entschuldigung, ich war gerade nicht ganz da«, was – im Sinne eines imaginären Ortes – völlig zutrifft. Vielleicht war ich physisch ja anwesend, aber meine Gedanken waren weit entfernt. Ich befand mich mit meiner Phantasie an einem Ort, der meilenweit entfernt war.

Nehmen wir ein praktisches Beispiel: Nehmen wir einmal an, Sie sitzen gerade auf einem Stuhl. Stellen Sie sich nun vor, ohne sich von Ihrem Stuhl zu erheben, daß Sie zur Tür hinausgehen. (Manchmal hilft es, dabei die Augen zu schließen, aber wenn Sie das tun, können Sie ja nicht mehr weiterlesen...) Gehen Sie im Geiste zur Tür hinaus und schauen Sie sich um. Was sehen Sie? Schauen Sie mit Ihrem inneren Auge. Gehen Sie in Ihrer Phantasie hinaus auf die

Straße. Machen Sie sich eine bildliche Vorstellung von der Straße. Erinnern Sie sich an das Bild der Straße, wie Sie sie zuletzt gesehen haben. Sehen Sie, wie ein Auto vorüberfährt. Hören Sie auf den Straßenverkehr, hören Sie, wie sich die Menschen unterhalten, die Vögel zwitschern. Sehen Sie das ganze Leben auf der Straße, spüren Sie es, riechen Sie es, fühlen Sie es. Gehen Sie in den Laden, in dem Sie die eingebildete Orange gekauft haben. Schauen Sie sich in dem Laden um, bekommen Sie ein Gefühl für alles, was da ist. Mit einiger Übung können Sie sich frei in dieser Welt Ihrer Vorstellungen umherbewegen und Informationen sammeln, so, als ob Sie wirklich da wären. – Natürlich sind Sie nicht da. Es spielt sich alles vor Ihrem inneren Auge ab, es ist alles in Ihrer Phantasie und doch gleichzeitig real.

Einbildung – die Erschaffung von Bildern. Eine eingebildete Welt ist real genug, um aus ihr Informationen zu gewinnen, die von Nutzen sein können.

Fällt Ihnen im Moment irgend etwas besonders auf? Gibt es etwas, das anders ist, etwas Seltsames, das versucht, auf sich aufmerksam zu machen? – Fakten sammeln – beobachten, spüren, die Welt zu uns sprechen lassen, anstatt zur Welt zu sprechen.

Dieses Hineinspüren ist die Methode, die wir gebrauchen, wenn wir mit dem Pendel arbeiten. Wir erbauen eine Phantasiewelt, lassen Antworten entstehen und sichtbar werden – durch die Bewegungen des Pendels. Auf gewisse Weise machen wir Gebrauch von etwas, das nahe an einem Ritual ist, um uns in einen Zustand zu versetzen, in dem wir in eine Phantasiewelt hineinschauen, Fakten sammeln, Informationen, die nützlich sein könnten. Wir gebrauchen das Pendel, um auf einen Gegenstand zu schauen, nicht so sehr als außersinnliches, sondern vielmehr als äußerst sinnliches Werkzeug, das die Sinne der Phantasie mit den »realen«, physischen Sinnen zusammenbringt und verbindet.

Der Trick besteht darin, die Phantasiewelten mit den physischen zu verbinden, die Phantasiewelt buchstäblich zu »realisieren«, sie real zu machen. Ohne dieses Zusammenfallen der Welten ist der Zufall in der Reaktion des Pendels bedeutungslos, rein zufällig, denn es gibt nichts, an dem Sie die Bedeutung festmachen können. Die Reaktion des Pendels wird vielleicht vollständig korrekt sein, aber nur in der Phantasiewelt und nicht in der physischen, in der wir schließlich auch noch existieren. Die Verschmelzung von Phantasiewelten – noch so ein gedanklicher Akrobatikakt!

Die andere Seite davon ist, daß Sie sich selbst darauf vorbereiten können, eine bestimmte Koinzidenz wahrzunehmen, sich sozusagen wie ein Radio darauf einzustimmen. Ein Beispiel aus dem Alltagsleben: Sie haben sich ein neues Auto gekauft. Vorher haben Sie dieses Modell noch nie gesehen, aber plötzlich sehen Sie es überall, da Sie es selbst fahren. Diese Autos waren schon vorher da, aber Sie waren nicht darauf vorbereitet, sie zu sehen, also haben Sie sie auch nicht gesehen, beziehungsweise haben sie nicht wahrgenommen. Jetzt jedoch hat die Koinzidenz eine neue Bedeutung bekommen: »Das ist ja dasselbe Auto wie meins!« Es steht als bedeutungstragendes Element vor einem Hintergrund der Bedeutungslosigkeit. Das Ergebnis ist, daß Sie es jetzt sehen können, obwohl es so aussieht, als sei das Geschehen etwas Neues.

Um das anhand eines Beispiels zu illustrieren und die beiden Seiten zusammenzufügen, wollen wir einmal mit einem klassischen Stück moderner Magie spielen: mit dem Finden eines Parkplatzes in der Großstadt. Gewiß wäre das Finden einer Stecknadel im Heuhaufen vielleicht ein einfacheres Beispiel. Das Spiel steht und fällt mit Ihrer inneren Einstellung. Es ist ein wenig wie der alte Witz: »Du hast drei Wünsche frei – alles, was du willst. Die einzige Bedingung ist: Du darfst niemals an das Wort

»Hippopotamus« denken. Was sagst du, du kannst nicht *nicht* daran denken?«

Als erstes werden wir uns in unserem Parkplatzsuchspiel vorstellen, daß jemand genau in dem Moment aus seiner Parklücke herausfährt, in dem wir ankommen. Wenn Sie sich das nicht vorstellen können, dann wird es auch nicht passieren (oder es passiert doch, aber Sie werden es wahrscheinlich überhaupt nicht sehen, weil Sie nicht darauf vorbereitet sind). Wenn Sie angestrengt versuchen, es sich vorzustellen, wird es vielleicht in Ihrer Vorstellungswelt passieren, aber nicht in der physischen Welt, in der sich Ihr Auto befindet. Angesichts von Murphys Gesetz werden Sie womöglich anstelle eines imaginären Parkplatzes ein vollkommen reales Strafmandat bekommen. Anstatt sich zu bemühen, stellen sie es sich einfach vor. Machen Sie sich ein inneres Bild, wie es passiert, lassen Sie es geschehen. Dann stellen Sie fest, daß es tatsächlich passiert ist. Schauen Sie, da ist tatsächlich jemand, der gerade rausfährt. Aber vielleicht klappt es nicht, wenn Sie an das Wort »Hippopotamus« denken …

Wenn Sie es sich nicht innerlich vorstellen, passiert gar nichts. Wenn Sie sich zu sehr anstrengen, passiert auch nichts. Irgendwo in der Mitte ist eine winzige Stelle, an der Murphys Gesetz Nasruddins Gesetz weicht, unter dem verrückte, wunderbare, außergewöhnliche, respektlose Dinge geschehen: Zu-Fälle, Koinzidenzen. Sie geschehen die ganze Zeit. Der Trick besteht darin, sie zu bemerken, uns selbst zu gestatten zu sehen, wie sie geschehen. Wenn wir das tun, ist das so, als ob wir in einer sternklaren Nacht einen ganz schwach schimmernden Stern beobachten wollen. Um den Parkplatz, die Koinzidenz, nach der wir gesucht haben, zu sehen, müssen wir – um unsere Augen wirklich zu öffnen – uns eine Weile scheinbar unbeteiligt herumtreiben und versuchen, danach Ausschau zu halten, ohne wirklich nach ihm zu suchen. Seltsam.

Es ist nicht nur seltsam, es ist verrückt, vollkommen verrückt. Aber anscheinend ist das der Lauf der Welt. Was für ein Witz!

Triff den Joker!

Die Schulwissenschaft unterliegt ihrem eigenen Gesetz der Schwerkraft. Alles in ihr ist schwer und ernst, und alles ist bekannt (zumindest dem Lehrkörper und den Fernsehprofessoren). Alles ist berechenbar und entspricht den Regeln. Und Sie tun besser daran, sich diesen Regeln ebenfalls zu fügen.

Wenn das Ihre Perspektive ist, dann sollten Sie den Joker treffen. Er beherrscht sein eigenes flüchtiges Gesetz der Leichtigkeit. Nichts ist ernst, obwohl auch alles zugleich ernst ist. Seine Regeln besagen, daß überhaupt nichts absolut bekannt, nichts absolut vorhersehbar ist und es keine absoluten Regeln gibt – außer dem einen absoluten Gesetz, dessen zwei Seiten als Murphys und Nasruddins Gesetz bekannt sind.

Der Joker hat einen sehr eigenartigen Sinn für Humor. Vielleicht ist er Ihnen bereits bekannt, wenn Sie einmal Murphys Gesetz in Aktion gesehen haben. Schrullig und unberechenbar. Das Wesentliche ist, daß er tatsächlich *unberechenbar* ist.

Auf gewisse Weise ist jedoch sehr leicht vorauszusehen, wann das Unberechenbare eintritt. Es tritt fast immer dann ein, wenn man die Dinge zu ernst nimmt, wenn man sich zu sicher ist, daß man sich im Recht befindet. Besonders wenn man sich außerhalb der trügerischen Sicherheit der Schul-Realität bewegt.

Die Schul-Realität definiert nicht viel mehr als eine kleine Welt aus Kartenhäusern, eine gefälschte Pseudorealität, die große Bereiche unseres Erlebens in der wirklichen

Welt, die wir auch kennen, ausschließt. Die erweiterte Sicht der Realität zeigt jedoch eine verrückte Welt, in der die Hauptfigur nach Lust und Laune reale Witze vom Stapel läßt. Das ist nicht immer unbedingt hilfreich, aber so ist die Welt nun einmal. Besonders wenn Sie lernen, das Pendel zu gebrauchen, um sich die Welt anzuschauen und über sie zu lernen. Denn immer, wenn Sie gerade meinten, sich einer Sache sicher zu sein, zu wissen, wie etwas funktioniert, kommt der Joker herbei, und die Dinge sind oft plötzlich zu Ihrem größten Entsetzen nicht mehr das, was sie einmal waren. (Ich nenne diesen Zustand den »Joker«, denn so fühlt er sich für mich an. Vielleicht wäre es präziser zu sagen, daß wir es selbst sind, die uns zum Narren halten, indem wir versuchen, etwas in seine Schranken zu verweisen, das bei weitem nicht so beschränkt ist wie wir selbst.)

Die magische Tradition ist eher an solche Dinge gewöhnt als die meisten anderen Traditionen. Es gibt die Tarotkarte »Der Narr«, das Zeichen »MONG, die Jugendtorheit« im *I Ging*, Jungs Archetyp des »Schwindlers«, ganz zu schweigen von den »verderblichen nicht-menschlichen Geistern«, die in kirchlichen Exorzismen zitiert werden. »Der Teufel, jener stolze Geist, verträgt es nicht, daß man sich über ihn lustig macht«, sagt Thomas Morus. In diesem Sinne ist der Teufel kein schrulliger Ritter mit Pferdefuß und Hörnern, sondern ein Aspekt von uns selbst. Er ist die Verkörperung unseres Stolzes und unserer Selbstsicherheit. Wenn es Ihnen bisher an Sinn für Humor fehlte, dann sollten Sie keine Zeit verlieren und sich in dieser Hinsicht ändern, und zwar möglichst sofort, denn Sie werden ihn brauchen.

Sie sollten jedoch nicht allzuviel darüber nachgrübeln. Vergessen Sie es einfach und tun Sie so, als sei die Schul-Realität alles. Vergessen Sie den Rest. Sie wissen, er ist da, aber kümmern Sie sich nicht weiter darum. Wenn Sie zuviel darüber nachdenken, werden Sie noch verrückt.

Aber das sind Sie ja bereits, würden Sie sonst überhaupt auf die Idee kommen, ein Pendel zu benutzen?

Was soll es nützen?

Nach diesem ausgiebigen spielerischen Ausflug in die Welt der Theorie wollen wir nun endlich wieder in die Praxis zurückkehren. Unsere spielerische Einstellung sollten wir jedoch niemals verlieren, es sei denn, es macht Ihnen Spaß, sich vom Joker an der Nase herumführen zu lassen. Also machen wir uns mit allem gebotenen Ernst an unser Spiel, denn das Pendel ist nur von Nutzen, wenn wir es auch anwenden.

Wir wollen nun einige Möglichkeiten aufzeigen, wie wir das Pendel auf praktische Weise nutzen können. Bevor wir jedoch auf spezielle Techniken und dergleichen eingehen, müssen wir erst einmal näher definieren, was wir eigentlich mit »Nutzen« meinen. Wenn wir mit dem Pendel umgehen, befinden wir uns, wenn Sie so wollen, in einer magischen Welt, in der Respekt und Gerechtigkeit eine größere Rolle spielen als im Alltag, in dem Besitzstreben und Ellenbogenfreiheit regieren. Denn hier spielt ein kleines Problem, das die meisten Menschen nur allzu gern beiseite schieben und vergessen würden, eine große Rolle: die Frage der Ethik.

Aber keine Panik. Ich werde jetzt keineswegs in eine lange Moralpredigt verfallen. Ich sehe es mehr aus der praktischen Perspektive eines Ingenieurs. Wenn Sie eine Eisenbahnbrücke bauen, gibt es bestimmte Dinge, die Sie einfach nicht tun, wenn Sie wollen, daß Ihr Werk von Dauer sein soll. Sie verwenden keine minderwertigen Materialien, lassen nicht zu, daß nachlässig gearbeitet wird, und sparen nicht bei den Sicherheits- und Qualitätskontrollen. Die Realität gestattet es Ihnen nicht zu schummeln. Wenn Sie es trotzdem versuchen, werden Sie schneller, als Ihnen lieb ist, ein teures Wrack am Halse und einige schwierige Erklärungen abzugeben haben.

Dasselbe gilt für das Pendel. Sie müssen es richtig anpakken, aber um das zu können, müssen Sie eine Gratwanderung machen zwischen überhaupt keiner Reaktion und einem Reinfall á la Murphys Gesetz. Es ist ein schmaler Grat, auf dem Sie sich zu bewegen haben. Ein zerbrechliches Gleichgewicht, das Sie sicher nicht halten können, wenn Sie nur die nächste Party im Auge haben oder darüber nachdenken, wie Sie Ihre Profite am besten anlegen können, anstatt Ihre Aufmerksamkeit auf Ihren Job zu richten. Sie müssen sich dessen, was Sie gerade jetzt, in diesem Augenblick, tun, voll bewußt sein. Immer wenn Sie mit dem Pendel arbeiten, sollten Sie sich über den Kontext der Fragen, die Sie stellen und beantworten, völlig im klaren sein. Eigentlich gilt das in gleichem Maße für die Zeiten, in denen Sie nicht arbeiten.

Es gibt einen weiteren Aspekt der Balance. Alles, was Sie und jeder andere tun, hat seine Wirkung. Ob Sie dienstags Ihr Frühstücksbrot mit Marmelade bestreichen und ob es in Guatemala regnet, alles hat seine Auswirkungen in dieser verrückten Welt, in der alles miteinander in Verbindung steht, sogar ohne irgendwelchen direkten Kontakt miteinander zu haben. Das bedeutet, daß Sie bei allem, was Sie tun, sehr vorsichtig sein müssen. Sie können nicht einfach mit der Tür ins Haus fallen und die Welt als einen Selbstbedienungsladen betrachten. Diese Einsicht beruht auf praktischer Erfahrung, sie ist keine scheinheilige Moralvorstellung. Schauen Sie sich einige magische Gestalten aus unserer Mythologie an: Goethes Zauberlehrling, der in Walt Disneys *Fantasia* so treffend zum Leben erweckt wurde, oder den Sparrowhawk in Ursula Le Guins *Earthsea Trilogy*. Vielleicht werden Sie dann merken, daß diese Phantasiefiguren gar nicht so phantastisch sind.

Dem Joker wird es ein Vergnügen sein, Ihnen den Gefallen zu tun, Sie in Ihren Narreteien zu unterstützen – die Pointe müssen Sie allerdings selbst beisteuern. Ein wenig Bescheidenheit ist eine nützliche Tugend für den Gebrauch des Pendels, ebenso auch ein Gefühl dafür, wann Sie dabei sind, sich auf ein Terrain zu begeben, von dem Sie sich besser fernhalten sollten.

Wie können Sie aber nun lernen, sich Ihrer eigenen Unbewußtheit bewußt zu werden? Noch mehr geistige Verrenkungen? Es gibt schier unendlich viele Möglichkeiten. Die richtige für Sie ist die, die bei Ihnen am besten funktioniert. Nur Sie selbst werden wissen, welche das ist. Ein allgemeingültiges Verfahren besteht darin, die Dinge zu einem Ritual zu machen, zu einer festgelegten Handlungsabfolge, und dann auf die »Löcher« zu achten, die sich in ihrem Ablauf ergeben. Daher sieht die Arbeit mit einem Pendel oft wie ein leeres Ritual aus. Nichts anderes ist es nämlich. Ein kindisches Ritual, ein Spiel. Ein absichtsvolles Spiel, das auch sinnvoll genutzt werden kann.

Das Wesentliche an einem Ritual ist nicht so sehr sein Inhalt, sondern sein Gebrauch als Werkzeug, um auf etwas, das fehlt, hinzuweisen. Daran ist überhaupt nichts Seltsames. Rituale werden in allen Technologien eingesetzt, obwohl nur wenige zugeben, daß es das ist, was sie machen. Ein Beispiel: Vor zwanzig Jahren flog ich als Offiziersanwärter ein kleines Sportflugzeug, aber ich kann mich noch immer an die Standardformel erinnern, die wir als Sicherheits-Check laut ansagen mußten. Vor dem Anlassen der Maschine: »Gas weg, Zündung aus«, vor dem Ausklinken eines Segelflugzeugs: »Sicht frei von oben und von hinten«, bei der Übergabe der Steuerung in einem Schulflugzeug mit doppeltem Steuerknüppel: »Du hast die Kontrolle.« Oder Wörter wie »hasel«, die an sich nichts weiter bedeuteten, aber als Abkürzungen für »height, airspeed, straps, engine, lookout« als Eselsbrücke für einen

75

Sicherheits-Check vor einer Kunstflugübung verwendet wurden. All dies sind Rezitationen eines mystischen High-Tech-Rituals mit automatischen, kaum bewußten Reaktionen. Aber wir wußten sofort, wenn etwas fehlte. Das war der Grund für die Rituale, die aus der praktischen Erfahrung heraus entstanden waren und der praktischen Erfahrung dienen sollten, um dumme – und gefährliche – Fehler zu vermeiden.

Aus dem gleichen Grund ist es angebracht, ein Standardritual um den Gebrauch des Pendels herum zu bilden, eine Checkliste zu erstellen, die verhindert, daß Sie dumme Fehler machen. Eine der gebräuchlichsten Checklisten ist die des bekannten amerikanischen Pendel- und Wünschelrutengängers Sig Lonegren: »Das soll mir das Pendel sagen. Kann ich? Soll ich? Bin ich bereit?« Die Entsprechung zum Sicherheitscheck vor dem Start beim Pendeln.

Sie können diese Checkliste wie das Funktionsschema eines Computerprogrammierers benutzen:

Erster Schritt: Entscheiden Sie sich, wonach Sie fragen wollen, und stellen Sie es gegenüber dem Pendel fest: »Das ist es, was ich das Pendel fragen will.«

Zweiter Schritt: Halten Sie das Pendel in der Hand und fragen Sie: »Kann ich jetzt das Pendel gebrauchen?« (Kontext: Verfüge ich über die Fertigkeit, diese Pendelsitzung durchzuführen? Bin ich jetzt körperlich fit dafür? Bin ich dazu geistig in der Lage?) Falls die Antwort »Nein« ist (oder unentschieden), unterbrechen Sie die Sitzung; falls sie »Ja« ist, fahren Sie fort mit dem dritten Schritt.

Dritter Schritt: Halten Sie das Pendel und fragen Sie: »Soll ich jetzt das Pendel benutzen?« (Kontext: Sind die – nicht näher definierten – Bedingungen geeignet, um fortzufahren? Ist es möglich, gefahrlos fortzufahren?) Wenn »Ja«: weiter zum vierten Schritt, sonst Abbruch.

Vierter Schritt: Halten Sie das Pendel und fragen Sie: »Bin ich bereit?« (Kontext: Bin ich bereit, jetzt fortzufahren?) Falls »Nein«: Abbruch. Ansonsten fahren Sie fort, das Pendel zum jeweiligen Zusammenhang zu befragen. Ende des Handlungsablaufes.

Eine Checkliste, Sicherheits-Check vor dem Start. – Wir sind nun bereit, uns weiteren Techniken zuzuwenden. Sie sollten also nun den Sicherheits-Check einmal durchgehen. »Kann ich?« »Soll ich?« »Bin ich bereit?« Falls eine der Antworten negativ ausfällt, heißt das nicht, daß Sie es überhaupt nicht tun können, sondern lediglich, daß Sie es *jetzt* nicht tun sollten. Es ist dann Zeit für Sie, eine Pause zu machen.

Wahrscheinlich sollten Sie ohnehin jetzt eine Pause einlegen, und wenn Sie sich ausgeruht haben, sehen wir uns im nächsten Kapitel wieder.

Ihr persönlicher Pendel-
Werkzeugkasten

Das Handwerkszeug des Mantikers

So, die Pause hat nun lange genug gedauert, es ist Zeit, wieder an die Arbeit zu gehen.

Bis jetzt haben wir das Pendel nur auf zwanglose Art benutzt: Spiele, allein und in Gesellschaft, und dergleichen mehr. Dann haben wir einen kleinen Ausflug hinter die Kulissen in die theoretischen Überlegungen des Autors über die Philosophie des Pendelns gemacht, aber wenn Sie meinem Rat gefolgt sind, dann haben Sie das meiste mittlerweile wieder vergessen. Sie brauchen wirklich nicht viel darüber nachzudenken, lassen Sie es einfach im Hintergrund ohne Ihr Zutun in aller Stille vor sich hinarbeiten.

Es ist nun an der Zeit, daß wir fortfahren und einen genaueren Blick auf die Techniken des Pendelns werfen und die Praxis im Detail beschreiben. Ein kleines Stück Theorie aus dem vorigen Kapitel, das es wert ist, nicht so schnell übergangen zu werden, ist die Überlegung, daß das Pendeln »vollkommen auf Zufall und größtenteils auf Einbildung beruht«. Wir geben lediglich dem Zufall eine Struktur und eine Bedeutung, mit der wir etwas anfangen können, indem wir das Pendel benutzen, um das »zufällige« Zusammentreffen, die Koinzidenz dessen, wonach wir suchen, mit dem Ort, an dem wir uns befinden, zu bestimmen. Die Information ist immer vorhanden, die Schwierigkeit besteht darin, es zu merken, wenn wir das Teilstück, wonach wir gesucht haben, gefunden haben. Das ist der Teil, an dem sich das Pendel mitsamt der dazugehörigen Werkzeuge und Techniken als nützlich erweist. Sie müssen ihm sozusagen nur mitteilen, wo Sie sich befinden und nach was Sie suchen.

Ein wichtiger Punkt: Ihre Werkzeuge und Techniken. Es gibt keinen einzigen richtigen und keinen falschen Weg, es zu tun, sondern lediglich jede Menge unangemessene Methoden und Anwendungen, aber das ist ein anderes Kapitel. Es gibt keine feste Methode, die immer auf dieselbe Weise für jeden funktioniert. Es liegt an Ihnen. Es tut mir leid, aber daran ist nichts zu ändern. Man nennt das »von der Realität lernen«, anstatt aus Lehrbüchern – was ein wenig merkwürdig ist, weil dies ja eine Art Lehrbuch sein soll.

Meine Aufgabe sollte also sein, Sie dazu zu bringen, Ihren eigenen Weg zu finden und selbst herauszufinden, wann Sie die richtige Technik gefunden haben. Sie müssen erkennen, daß das, was für Sie funktioniert, vielleicht für niemanden sonst funktioniert, vielleicht noch nicht einmal für Sie selbst zu einem anderen Zeitpunkt.

Ich möchte Ihnen helfen, Ihren eigenen Werkzeugkasten zusammenzustellen, genauso wie Sie das bei jeder anderen spezialisierten Arbeit tun würden. Ein Koch hat seine Messer, Töpfe und Pfannen, ein Mechaniker seine Schieblehren, Schraubenschlüssel und Schraubendreher. Die Werkzeugkiste für das Pendeln besteht aus Vorstellungen, Analogien und anderen imaginären Werkzeugen, die alle mehr oder weniger auf der gleichen Ebene zu finden sind.

Das Pendeln, der Gebrauch des Pendels, ist kein »Ding«, ebenso wie Kochen kein »Ding« ist. Es ist eine Sammlung von Werkzeugen und Techniken, die man in verschiedenen Kombinationen einsetzt, um das Resultat zu erreichen, das man sich vorgenommen hat. Letztlich ist alles möglich, vorausgesetzt, Sie streben nach einem guten Resultat, einem *nützlichen* Endergebnis. Genau wie beim Kochen – besonders, wenn Sie das Produkt Ihrer Kochkunst selbst essen müssen.

Die Werkzeuge eines Kochs sind nur die eine Seite der

Medaille. Die Rezepte sind ebenfalls wichtig. Ein Rezept ist die Zusammenfassung dessen, was Sie für ein Menü zu tun versuchen, aber es ist nutzlos ohne das praktische Wissen, das es Realität werden läßt und auf den Teller bringt, es sozusagen »eßfertig« macht. Eine Rezeptsammlung ist eine traurige Art, die Kunst des Kochens kennenzulernen, es ist, als würden Sie versuchen, Ihre eigenen Worte zu essen.

Ebenso ist es mit dem Pendel, bei dem, etwas verwirrend, Werkzeuge und Rezepte in Vorstellungen und Analogien, die wir als Arbeitsmittel gebrauchen, zu einem Komplex zusammengefaßt sind. Eine Beschreibung dieser Techniken an sich ist nutzlos, es kommt darauf an, wie sie in der Praxis eingesetzt werden.

Und das liegt völlig in Ihrer Hand. Es ist alles möglich, aber es liegt an Ihnen, es zu tun.

Ein wenig Geschichte

Die meisten Bücher fangen damit an, daß sie etwas über die Geschichte ihres Gegenstandes erzählen. Wir haben das bereits hinter uns, ohne daß wir dabei auf die Geschichte der Mantik mit Pendel und Wünschelrute eingegangen sind. Wir werden das auch an dieser Stelle nicht tun. Es gibt eine Vielzahl anderer Bücher, in denen man sich darüber informieren kann. Das kann sehr faszinierend sein, falls man es darauf anlegt, sich in die Vergangenheit zu versenken. Wir beschäftigen uns hier damit, was wir *jetzt* tun können.

Die Nutzung der Geschichte jedoch, die Kenntnis der historischen Praktiken des Pendelns, könnte hier von Wert sein. Aus zwei Gründen: Erstens gibt es eine Menge interessanter Techniken, die wir ans Licht bringen können. Die meisten dieser Techniken wurden über Jahrzehnte praktischer Erfahrung entwickelt und verbessert. Und zweitens gibt es eine große Zahl älterer, teilweise längst vergriffener Bücher über das Pendeln, deren Autoren darauf bestehen, daß es eine »korrekte« Methode für den Gebrauch eines Pendels gibt und daß diese in ihrem Buch und nirgendwo sonst beschrieben wird. Gut, das ist ihre Meinung, keine Tatsache, und es könnte Ihnen einige gravierende Schwierigkeiten bereiten, wenn Sie das in die Praxis umsetzen wollen, weil es sich möglicherweise überhaupt nicht mit der Art und Weise deckt, wie Sie am besten mit *Ihrem* Pendel arbeiten. Es ist möglich, daß es für die Autoren gestimmt hat, aber viele der älteren Mantiker scheinen nicht verstanden zu haben, daß das, was für ihre Praxis zutrifft, nicht gleichzeitig auch für die Praxis aller anderen zutreffen muß.

Ich möchte an dieser Stelle also einiges über andere, zumeist historische, Bücher über das Pendeln sagen, für den Fall, daß Sie sie bereits gelesen haben und nun versuchen, sie im Vergleich mit dem, was wir bisher hier dargestellt haben, zu verstehen.

Vor Ende des neunzehnten Jahrhunderts gab es kaum Bücher, die sich mit dem Pendeln befaßten. Jede Menge über Wünschelrutengänger, über das Suchen von Wasser mit Hilfe von Uhrfedern, Eimerhenkeln und sogar mit Bratwürsten, aber nichts über das Pendel.

Dann gab es die französische Schule der zwanziger und dreißiger Jahre unseres Jahrhunderts, die von *Abbé Mermet* und *Henri de France* (beide schreiben etwas später) verkörpert wurde. Sie verwendeten Proben oder »Zeugen« des Materials, nach dem sie suchten, nach der Art, wie wir es in der Abteilung »Spiele« vorgestellt haben. Sie erfanden ein enorm kompliziertes System von Richtungen, die von dem Pendel angezeigt wurden, wie den »solaren Strahl« und den »fundamentalen Strahl«. Außerdem zählten sie, wie oft sich das Pendel in einer Richtung drehte. Die

Anzahl der Kreisbewegungen, bevor das Pendel zur Ruhe kam, wurde eine »Serie«, und die Anzahl der Bewegungen, die ein Pendel über einem Gegenstand machte und reagierte, bevor es sozusagen »zufriedengestellt« war, wurde die »Serienzahl« genannt. Um die Sache noch komplizierter zu machen, konnte die Serie auch noch in verschiedenen Stadien der Serienzahl variieren. Alle Werte wurden nach den besten wissenschaftlichen Maßstäben der Zeit registriert. Das Problem war lediglich, daß niemals jemand ein zweites Mal genau dieselben Werte erzielte. Die Katalogisierung war also gar nicht so hilfreich, wie das auf den ersten Blick erscheint.

Etwa zur selben Zeit, aber aus einer anderen Richtung, gab es die Entwicklung sogenannter »radionischer« Instrumente. Die »black box«, der »schwarze Kasten«, war in den fünfziger und sechziger Jahren berühmt-berüchtigt. Die bekanntesten Bücher darüber sind wahrscheinlich die von *Wethered* und später *David Tansley*. Radionische Instrumente sind Kästen mit einer oder mehreren Gruppen von Telefonwählscheiben, die auf eine bestimmte Weise miteinander verkabelt und auf eine bestimmte Zahl eingestellt waren. Diese Zahl galt als der »Wert« für eine Krankheit. Der jeweilige Wert wurde bestimmt, indem man die Zahlen auf den Wählscheiben veränderte und über ein Stück Gummi strich, das an dem Instrument befestigt war. Man wußte, daß man die richtige Zahl hatte, wenn man beim Streichen über den Gummi eine gewisse Klebewirkung verspürte. (Spätere Versionen, wie die Entwürfe von Tansley, verwendeten statt der »Klebefläche« ein Pendel, das über eine »Musterplatte« gehalten wurde.) Die Krankheitswerte wurden in einem Buch veröffentlicht und als gesicherte Fakten dargestellt und gelehrt. (Ich habe jedoch den Verdacht, daß diese Werte für verschiedene Menschen nur deshalb übereingestimmt haben, *weil* sie als Fakten gelehrt wurden.) Das System wird noch immer von bestimmten Gruppen und Vereinigungen wie der »Radionic Association« in Großbritannien aktiv vertreten. Außer zur Diagnose und Heilung gibt es jedoch keine wirkliche Verwendung für dieses System, zudem unterliegt es in einigen Ländern nicht nur strengen Auflagen, sondern ist sogar illegal. Außerdem ist das System außerordentlich kompliziert, und ich sehe nicht ein, warum das so sein muß.

Ein weiterer häufig vertretener Standpunkt von gelehrten Mantikern dieser Epoche, wie *Archdale* in England und *Cameron* in den Vereinigten Staaten, ist, daß nur ein bestimmter Prozentsatz von Menschen, der zwischen weniger als einem Prozent und etwa zwanzig Prozent schwankt, überhaupt in der Lage ist, ein Pendel benutzen zu können. Wenn sie gesagt hätten *würden*, statt *könnten*, dann könnte ich ihnen in diesem Punkt zustimmen. Ich vertrete nämlich die Auffassung, daß fast jeder lernen kann, ein Pendel zu benutzen, wenn er sich die Mühe macht, sich damit zu beschäftigen, und ich hatte eine große Anzahl von Schülern, die dies unter Beweis gestellt haben. Das ist ein wichtiger Punkt, denn wenn man schon von Anfang an mit der Auffassung konfrontiert wird, daß ohnehin nur wenige Menschen überhaupt für das Pendeln geeignet sind, und darüber hinaus auf einige allzu typische Anfängerschwierigkeiten trifft, dann ist es sehr leicht, anzunehmen, daß man einer von den vielen ist, die das Pendel angeblich *nicht* benutzen können. Dann wird man womöglich aufhören, obwohl man in Wirklichkeit bereits gute Fortschritte gemacht hat. Lassen Sie sich nicht zu schnell entmutigen!

Weiterhin sollten wir *Tom Lethbridge* erwähnen, dessen Bücher, die überwiegend in den sechziger Jahren erschienen sind, vielen Menschen (einschließlich mir selbst) das Pendeln nähergebracht haben. Ich schätze seine Bücher sehr, kann aber nichts mit seinem System anfangen. Es basiert auf der Idee, daß die Länge der Pendelschnur – der

»Wert« des Pendels – bestimmt, was man damit findet. Zweiundzwanzig Zoll für Blei, Silber, Natrium oder Calcium; neunundzwanzig Zoll für Gold, weiblich, Gefahr; dreißig für Wasser, Westen, grün, Klang, Mond, Alter. Im Gegensatz zur Radionik ist dies ein vielseitiges System, das ebenso für abstrakte Begriffe funktioniert wie für konkrete Gegenstände, aber auf jeden Fall genauso kompliziert ist und ebenso abhängig von Lethbridges Autorität, jemanden davon zu überzeugen, daß die Werte für jeden Gegenstand oder Begriff für ihn genauso zutreffen wie für den Autor. Außerdem gab es schwerwiegende praktische Probleme. Die Länge des Pendels beträgt bis zu vierzig Zoll (ca. 1,20 m). In einigen seiner Experimente ist es sogar bis dreimal so lang, so daß man es nur noch in einem Treppenhaus einsetzen kann. Das Pendel braucht eine Ewigkeit, um einmal hin und her zu schwingen, wodurch alle Experimente enorm verlangsamt werden. Außerdem haben solche Pendel die lästige Angewohnheit, sich um die Beine des Experimentierenden oder sonstige Gegenstände zu wickeln.

Als anderes Extrem haben wir in jüngster Zeit eine Flut von Büchern – zumeist aus der »New Age«-Ecke –, die man getrost vergessen kann, weil sie jeden Begriff von Zuverlässigkeit und Struktur über Bord werfen. Hier geht es mehr darum, vorübergehenden Modeerscheinungen Rechnung zu tragen, als praktische Nutzbarkeit zu bieten. Man läßt uns wissen, daß das Pendel in Resonanz mit den Pyramiden schwingt oder mit den Schwingungen einer Aura und daß seine einzige Funktion darin besteht, das Rätsel des Bermuda-Dreiecks zu lösen oder den idealen Seelenpartner zu finden. All das wird das Pendel von ganz allein tun, ohne irgendwelche Beteiligung oder Verantwortung des Lesers. Was mich an diesen Büchern am meisten stört, ist nicht die Tatsache, daß es sich dabei überwiegend (nicht immer!) um Unsinn handelt, sondern daß die Flut dieser Bücher dazu führt, daß andere, sehr gute Bücher, die in den letzten zehn Jahren erschienen sind (wie zum Beispiel Sig Lonegrens *Spiritual Dowsing),* aus den Regalen verdrängt werden.

Wenn es einen Preis für das verwirrendste Buch über das Pendeln gäbe, dann würde ich ihn sicher an einen Australier verleihen (den ich hier lieber gar nicht namentlich nennen will). Sein Buch (über dessen Titel ich lieber ebenfalls schweigen will) beschäftigt sich mit einem Thema, von dem er behauptet, daß es »radial detection« (etwa: Strahlen-Erfassung) genannt werden müsse. Genau wie die französischen Mantiker konstruierte er ein immens kompliziertes System von Werten, Zahlen und Anweisungen. Für ihn ist das Pendeln die Erfassung von Strahlen, weil es ausschließlich auf das Wahrnehmen von physikalischer Strahlung zurückzuführen sei, selbst wenn dies nicht durch physikalische Meßinstrumente geschehen kann. Ohnehin könne »Strahlenerfassung«, so behauptet er, nur von Menschen geleistet werden, die keine »Unvollkommenheiten« aufzuweisen haben, wie etwa Zahnfüllungen, Narben oder eine Brille. »Sie waren gerade beim Zahnarzt? Oh, dann tut es mir leid, Sie können leider unmöglich ein Pendel benutzen...« So etwas deckt sich jedoch in keiner Weise mit unseren Erfahrungen.

Einige Jahre später entdeckte er das Kartenpendeln und entschied, in einem außerordentlichen Zirkelschluß verdrehter Logik, daß die verschiedenen physikalischen Strahlungen eines Ortes auf eine Landkarte übertragen und von dort ausgestrahlt würden, damit der »Strahlendetektor« sie finden kann. Er spezifizierte das noch, indem er sagte, daß nur Menschen ohne »persönliche Gebrechen« (keine Brille, keine Narben, keine Zahnfüllungen) dies tun könnten und daß man dazu die Karte um Mitternacht in genauer Nord-Süd-Richtung unter eine unverhüllte Glühbirne legen muß. Überdies muß man nicht nur mit bloßen

Füßen auf einer Schieferplatte stehen (aus Isolationsgründen), sondern sich sogar sämtlicher Kleider entledigen!

Was für eine Methode! Und für ihn war es nicht irgendeine Methode, sondern die Methode, die einzig mögliche Weise, wie es funktionieren konnte. Stellen Sie sich vor, das wäre das erste und einzige Buch, das Sie über das Pendeln in die Hände bekommen, dann bräuchten Sie sich nicht zu wundern, wenn Sie diese Form der Mantik insgesamt für eine ziemlich verrückte Angelegenheit halten... und Sie hätten sicher einige Schwierigkeiten, es zum Funktionieren zu bringen. Dasselbe gilt jedoch auch für jedes andere Buch über das Pendeln – einschließlich dem vorliegenden.

Wenn man aus dieser Geschichte überhaupt etwas lernen kann, dann ist es, nicht alles zu glauben, was in Büchern steht. Sie müssen für sich selbst entscheiden, was wahr – oder zumindest nützlich – ist.

Das bringt uns zurück zu einem weiteren Punkt in der Theorie des Pendelns, mit dem wir uns bereits ein wenig auseinandergesetzt haben. Alle Systeme sind auf ihre Weise Erklärungen dafür, wie der Vorgang des Pendelns funktioniert. Dabei sind einige weitaus verworrener als andere. Jede dieser Erklärungen beschreibt den Prozeß aus seiner Sicht, und man kann sehen, wie das Pendel im Einklang mit dieser Erklärung funktioniert – oder auch nicht. »Man muß die Dinge nicht nur sehen, um sie zu glauben, sondern man muß auch an sie glauben, um sie zu sehen.« Wenn Sie eine Erklärung suchen, die die Dinge verkompliziert, dann werden Sie die Dinge für sich selbst ebenfalls verkomplizieren. Wählen Sie daher etwas Einfaches, etwas Leichtes, und die Dinge werden plötzlich um vieles einfacher werden.

Worauf ich letzlich hinaus will, ist – glaube ich – daß man in dieser Unmenge von schriftlichem Material über das Pendeln (natürlich einschließlich dieses Buches) lediglich Informationsquellen sehen sollte. Das ist alles, was man herausholen kann: Informationen. Einige davon sind nützlich, andere nicht, und einige sind sogar mit Sicherheit bei der praktischen Arbeit hinderlich. Alle diese Informationen sind Tatsachen insofern, als sie für den jeweiligen Autor auf die beschriebene Weise funktioniert haben. Keine einzige ist jedoch eine Tatsache, die für irgend jemand anders auf dieselbe Weise funktionieren muß. Es kann von Vorteil sein, sich dafür zu entscheiden, daß ein bestimmtes System das »richtige« ist, einfach weil es leichter ist, ein vorgefertigtes System zu gebrauchen, als sich selbst von Grund auf ein neues eigenes zu bilden, besonders wenn man gerade anfängt. Vergessen Sie dabei nicht, daß es Ihre eigene Entscheidung ist und daß, wenn Sie sich für ein geschlossenes vorgefertigtes Paket entscheiden, es außer dem, was sie möchten, auch Dinge enthalten könnte, die Sie nicht gebrauchen können. Alles funktioniert, wenn Sie es nur lassen. Es liegt an Ihnen.

Am besten ist es, sämtliche Bücher über das Pendeln als eine Art technische Zusammenfassung zu sehen (nichts anderes sind diese Bücher nämlich meistens). Dabei ist auf vier Punkte immer besonders zu achten: Ist die Methode, die der Autor beschreibt, *effektiv, zuverlässig, elegant* und *angemessen?* (Das kann gleichermaßen auf jede andere Technologie angewendet werden – insbesondere auf Computerhandbücher, die für ihren unleserlichen Stil berühmt sind.) Tatsache ist nämlich, daß viele dieser Systeme zum Gebrauch des Pendels nicht sehr effektiv sind und ihre Zuverlässigkeit bezweifelt werden muß, einfach weil sie zu kompliziert sind. Außerdem sind sie teilweise stilistisch unelegant und plump und möglicherweise unzeitgemäß oder zumindest für den Leser zur Zeit nicht angemessen.

Falls die Methode sich für Sie nicht als ebenso effektiv wie zuverlässig und elegant erweist (Eleganz – ein Gefühl, daß alles stimmt – spielt eine große Rolle für die Art und

Weise, wie Sie an Ihre Arbeit herangehen), ist sie wahrscheinlich auch nicht angemessen. Und wenn sie nicht angemessen ist, dann sollten Sie auch keinen Gebrauch von ihr machen – zumindest nicht auf die beschriebene Weise.

Versuchen Sie es auf eine andere Art. Erfinden Sie ein neues Werkzeug für Ihren Werkzeugkasten, und finden Sie in diesem Prozeß gleichzeitig sich selbst, entdecken Sie sich selbst aufs neue.

Der Mantiker als Werkzeugmacher

Wir wollen uns nicht allzu lange bei der Diskussion der Literatur über das Pendeln aufhalten. Wir können sie folgendermaßen zusammenfassen:

Keine Technik ist vollkommen.
Keine Technik kann alles leisten.
Keine Technik funktioniert für jeden.
Keine Technik funktioniert immer.

Sie sollten in der Lage sein, Ihre eigenen Techniken zu entwickeln, Ihre eigene Sicht der Welt zu finden. Ihre Techniken sollten zu Ihrer Art des Arbeitens passen, damit Sie und das Pendel (das ebenfalls Sie sind) auf eine Weise zusammenarbeiten können, die gleichzeitig effektiv, zuverlässig, elegant und angemessen ist. Dabei müssen Sie wissen, daß sich die richtige Methode jederzeit verändern kann. Sie müssen wissen, wann und wie Sie ihre Methode verändern müssen, um die Resultate zu erhalten, die Sie wünschen und brauchen.

Noch mehr geistige Akrobatik! – In gewisser Weise sind wir damit wieder bei dem Problem angelangt, dem wir schon so viele Male begegnet sind: »Hier ist die Antwort, wie war doch gleich die Frage?« Techniken zum Gebrauch des Pendels beruhen auf Methoden, auf eine Weise Fragen zu stellen, bei der das Pendel sinnvoll mit Ja oder Nein antworten kann. Bei einigen Techniken, die wir noch beschreiben werden, kann das Pendel auch eine Zahl oder eine Richtung angeben. Sie erinnern sich sicher, daß es zwar leicht ist, eine Antwort auf eine Frage zu bekommen, daß es aber durchaus Schwierigkeiten bereiten kann, herauszufinden, welche Fragen man stellen soll. Dasselbe gilt für die Entscheidung, welche Technik man anwenden soll.

Der Schlüssel besteht darin, auf das eigene Urteil vertrauen zu lernen, einer plötzlichen Eingebung zu folgen, zu wissen, wann Dinge sich von selbst regeln, und, was noch wichtiger ist, zu spüren, wann es Zeit ist, einzupakken und nach Hause zu gehen, und zwar möglichst schnell.

Das Pendel leistet auf vielfältige Weise Hilfestellung für Ihre Intuition, es ist ein Werkzeug, mit dem Sie Ihre Intuition nutzen und das zu respektieren lernen, was Ihre inneren und äußeren Sinne Ihnen sagen. Sie können das Pendel nutzen, um Ihr erlerntes Wissen und Ihre verstandesmäßigen Urteile auszugleichen, nicht aber, um sie zu ersetzen! Durch das regelmäßige Üben mit einem Pendel sollten sie mehr und mehr in die Lage versetzt werden, zu spüren, wenn eine bestimmte Entscheidung sich richtig anfühlt, und instinktiv zu wissen, wann Sie Ihren Gefühlen folgen und wann Sie sie ignorieren sollten. Das zu vermitteln, haben wir uns in diesem Buch zur Aufgabe gemacht.

Wonach, Wo und Was

Das Pendel kann benutzt werden, um jede beliebige Frage zu beantworten, die Sie ihm stellen, und in gewissem Maße auch die Antworten in Frage stellen, die Sie von ihm erhalten. Sie stellen eine Frage, aber die Reaktion des Pendels steht nicht unbedingt in einem kausalen Zusammenhang damit, sie ist, genau gesagt, eine Koinzidenz, mit der Sie etwas anfangen können oder auch nicht.

Durch den Gebrauch des Pendels stellen Sie eine Situation her, in der Koinzidenzen Bedeutung und praktischen Nutzen erhalten können.

Wonach suche ich?

Wo suche ich danach?

Was habe ich gefunden?

Diese Fragen bilden den Hintergrund für die Koinzidenz. Sie setzen die Koinzidenz in Gang und stellen Ihren inneren Empfangsapparat scharf ein, damit das Signal vom Hintergrundrauschen getrennt werden kann.

Schauen wir uns das Ganze einmal aus einer anderen Perspektive an. Unsere Bemühungen sind darauf gerichtet, das Pendel auf sinnvolle Weise auf die Koinzidenz des Gegenstandes, den wir suchen, mit dem Ort, an dem wir uns befinden, reagieren zu lassen. Beide Faktoren – wonach wir suchen und wo wir sind – können dabei auf beliebige Weise definiert werden. Vergessen Sie jedoch nicht, daß die Ergebnisse völlig zufällig und größtenteils eingebildet sind. Die meisten Werkzeuge und Techniken sind lediglich dazu da, Bilder, Begriffe und Analogien vorzugeben, um zu definieren, wonach wir suchen und wo wir uns befinden. Dabei sind wir jedoch keineswegs auf die physische Welt beschränkt. Wenn Sie sich einen Gegenstand vorstellen können, können Sie das Pendel gebrauchen, um nach ihm zu suchen. Wenn Sie sich vorstellen können, an einem bestimmten Ort zu sein, können Sie Ihr Pendel benutzen, um diesen Ort zu suchen. Völlig zufällig und größtenteils eingebildet. Ob Sie oder – was vielleicht noch wichtiger ist – jemand anders sich dann einen Reim darauf machen kann, steht auf einem anderen Blatt.

Zu akzeptieren, daß Sie tatsächlich in anderen, imaginären Welten spielen können, kann für Sie einen großen Schritt bedeuten. Die alles wörtlich nehmende, physikalische, auf drei Dimensionen beschränkte Sichtweise der Welt ist uns lange eingepaukt worden, von frühester Kindheit an und weiter während unserer Schulzeit. Es ist dadurch nicht leicht, sich etwas vorzustellen, was sich nicht innerhalb dieses Rahmens bewegt. Der einzige ständige Kontakt mit etwas von »außerhalb« besteht darin, daß wir wohl oder übel akzeptieren müssen, daß die Realität von Zeit nicht so ohne weiteres in dieses Weltbild paßt. Zeit ist etwas, das wir sicherlich erfahren, aber nicht so recht begreifen können.

Dennoch arbeiten wir ununterbrochen mit imaginären Welten. Dieses Buch war einmal imaginär. Es ist es natürlich auch jetzt noch, während ich es schreibe. Aber ich mache es real, ich »realisiere« es, während ich es schreibe, bis es schließlich zu dem Gegenstand geworden ist, den Sie nun in Händen halten und lesen. Dabei gibt es keine definierbare Ursache, die Sie feststellen könnten, keine einzelne Erfahrung, die die Form dessen, was ich schreibe, festlegt. Es ist mehr eine unbestimmte Sequenz unzusammenhängender Zufälle oder Koinzidenzen, die gemeinsam das bilden, was wir die »Gesamtheit der Erfahrung« nennen. Diese Erfahrung sind wir. Alles Zufall, das meiste davon eingebildet. Wir leben in imaginären Welten und machen sie für uns und für andere real, formen sie zu unserer sogenannten »objektiven« Erfahrung der wirklichen Welt. Zusammengefaßt bedeutet das:

Wenn Sie mit einem Pendel arbeiten, gibt es
- nichts, das Sie davon abhalten könnte, außerhalb des normalen Raumbegriffes zu arbeiten.
- nichts, das Sie davon abhalten könnte, außerhalb des normalen Zeitbegriffes zu arbeiten.
- nichts, das Sie davon abhalten könnte, außerhalb der normalen Vorstellungen von Dimensionen und Realität zu arbeiten.

Wenn man das sagt, wird das Ganze normalerweise noch schwieriger, weil man, um außerhalb der normalen Definition der Welt zu arbeiten, sich klar machen muß, wie es kommt, daß man sich auf einer gemeinsamen Ebene mit der physischen, sogenannten »wirklichen Welt«, befindet. Wenn es Ihnen nicht gelingt, diese beiden Welten in sich zu vereinigen – was Übung und Erfahrung erfordert –, wird es überhaupt keinen Sinn für Sie ergeben, erst recht nicht für jemand anderen.

In dem Katalog von Werkzeugen und Techniken, der im folgenden aufgezählt wird, werden Sie eine bunte Mischung von Techniken finden, die alle hart an der Grenze zur physikalischen Realität liegen, wie zum Beispiel die »Proben«, die Sie mit einiger Mühe durchaus noch glaubhaft physikalisch erklären können. Für andere Dinge wie das Kartenpendeln oder die Verwendung eines anderen Menschen als »Zeiger« werden Sie wahrscheinlich, ganz gleich wie Sie sich auch abmühen, keinerlei Erklärung finden, die innerhalb der schulisch akzeptierten Definition der Realität einen Sinn ergibt. Wenn Sie es darauf anlegen, können Sie vielleicht einige wundervolle esoterische Erklärungen über ätherische Energiefelder und Seelenverbindungen erfinden. Sie können sich jedoch die Mühe sparen und sich überhaupt nicht um Ursachen und Verbindungen kümmern. Es hat sowieso keinen Sinn. Die Nützlichkeit einer Technik wird durch ihren Gebrauchswert bestimmt. Ich werde jedes Werkzeug gebrauchen, das funktioniert, solange ich eine Möglichkeit finde, die effektiv, zuverlässig, elegant und angemessen ist. Alles ist möglich, und ich ziehe es vor, es dabei zu belassen.

Natürlich gibt es auch hier zwei Seiten: die Werkzeuge und ihre Anwendung. Ich fand es am leichtesten, mich zuerst mit den Techniken selbst zu beschäftigen und dabei erst einmal so weit wie möglich von ihren Anwendungen abzusehen. Das scheint vielleicht auf den ersten Blick eine etwas abstrakte Art zu sein, sich mit dem Gebrauch des Pendels zu beschäftigen. Ich habe aber in der Praxis herausgefunden, daß es, wenn man bei der Anwendung zu voreilig ist, schwierig werden kann, zu sehen, wie verschiedene Techniken zueinander passen und sich in verschiedenen Kombinationen zu Methoden zusammensetzen können. Wenn wir uns Zeit lassen und erst später die Anwendung einer Technik in Betracht ziehen, sind wir in einer wesentlich besseren Ausgangsposition, um unsere eigene, persönliche Technik zu finden, die für uns am besten funktioniert.

Der Übersichtlichkeit halber habe ich entsprechend den drei Fragestellungen die Techniken in drei Gruppen eingeteilt. Eine Gruppe beschäftigt sich mit der Frage: »Wonach suche ich?«, die zweite mit: »Wo befinde ich mich?« und die dritte mit: »Was habe ich gefunden?« Die erste und die letzte Frage könnten auch gemeinsam gestellt werden, aber letztlich ist es einfacher, sie so zu trennen. Die ersten beiden Gruppen bilden den Ausgangspunkt und definieren die Fragen für das Pendel. Die letzte Gruppe liefert Ihnen eine Reihe von Werkzeugen, mit denen Sie die Antworten, die Sie erhalten haben, in Frage stellen können.

Werkzeuge für die Frage »Wonach suche ich?«

Wir befragen das Pendel, um die Koinzidenz dessen, wonach wir suchen, mit dem Ort, an dem wir uns befinden, anzuzeigen. Wir müssen also erst einmal definieren, wonach wir suchen und wo wir uns befinden. Anschließend sind wir vielleicht imstande, die Koinzidenz der zwei Punkte zu zeigen.

Vergessen Sie nicht, daß sie im Prinzip nach allem suchen können. Zuerst müssen Sie es jedoch beschreiben und definieren. Das ist mitunter nicht leicht. Beschreiben Sie den Gegenstand auf eine Art, daß Ihr Pendel (das heißt Sie selbst) ihn erkennen kann, wenn es ihn sieht. Das Pendel hat seine eigene Art zu sehen, die nicht unbedingt mit Ihrer übereinstimmt, selbst wenn es ein Teil von Ihnen ist. Als erstes müssen wir also entscheiden, wonach wir suchen, und dann Möglichkeiten finden, es zu beschreiben.

Physikalische Beschreibungen

Die einfachste Möglichkeit, etwas zu beschreiben – einen Ohrring zum Beispiel – besteht darin, ihn in der Hand zu halten, nicht nur über ihn zu sprechen, sondern ihn tatsächlich zu halten. Da Sie jedoch nach dem Gegenstand suchen, ist es unwahrscheinlich, daß Sie ihn bereits haben.

Wir können also davon ausgehen, daß Sie den gesuchten Gegenstand noch nicht haben. Vielleicht haben Sie aber einen anderen, beispielsweise das Pendant zu einem Ohrring oder Manschettenknopf. Dieser kann dann als Beispiel, als Materialprobe, als »Zeuge« dienen. Sie sagen zum Pendel: »Finde mir die Entsprechung zu diesem Gegenstand. Zeige mir, wenn der Ort, an dem ich bin, mit etwas zusammentrifft, das so ist wie dieser Gegenstand.«

Ein Großteil der traditionellen Mantik funktioniert auf diese Weise. Um etwas zu finden, muß man eine Probe davon haben. Um Kupfer zu finden, hält man eine Kupfermünze in derselben Hand wie das Pendel. Oder man benutzt ein Pendel aus Kupfer. Oder man bohrt ein Loch in das Pendel und legt die Probe hinein. (Viele handelsübliche Pendel sind aus diesem Grunde hohl.)

Um nach Gold zu suchen, hält man einen Goldring. Um nach Silber zu suchen, nimmt man ein silbernes Medaillon. Um in dem Pendelspiel »Such die Dame« die Spielkarte mit der Dame zu finden, hält man eine Spielkarte mit einer anderen Dame in der Hand. Um nach speziellem Wasser oder Öl zu suchen, gießt man etwas davon in eine kleine Flasche und nimmt das als Probe mit. Um nach einem Menschen zu suchen, hält man ein Stück seiner Kleidung. Zeigen Sie dem Pendel die Probe so wie einem Spürhund, damit es mit Hilfe des »Geruches« der Probe den Menschen aufspüren kann.

Fordern Sie das Pendel auf, die Entsprechung zu finden. Alles, was Sie in der Hand halten können, können Sie als Probe benutzen, um etwas anderes derselben Art zu finden. Im traditionellen Sprachgebrauch heißt das »sympathetische Magie«. Auf zwei Dinge müssen sie jedoch besonders achtgeben.

Es muß etwas sein, daß Sie *halten* können, etwas Greifbares. Sie können zum Beispiel keine Probe Ihres Profits oder Ihres Seelenpartners halten. Das sind Ideen oder Begriffe, keine Dinge, die man berühren oder mit sich herumtragen kann.

Zum zweiten ist der *Kontext* wichtig. Wenn Sie einen Ohrring als Probe verwenden, sollten Sie dem Pendel (und damit sich selbst) klarmachen, daß Sie ihn als Probe für den verlorenen Ohrring mitnehmen, nicht für den anderen, denn den halten Sie ja bereits in der Hand. Wenn Sie eine Kupfermünze verwenden, um nach Münzen im allgemeinen und nicht nach einer beliebigen Art Kupfer, wie den Abfall einer Klempnerwerkstatt oder den Kupfergriff eines alten Messingkessels, zu suchen, dann müssen Sie das dem Pendel deutlich machen.

Jede Probe hat eine ganze Reihe von Eigenschaften. Eine Münze hat eine bestimmte Größe, ein bestimmtes Gewicht, eine Form und eine bestimmte Legierung. Durch den Kontext, den Sie selbst bestimmen, legen Sie fest, für welche Eigenschaft oder Eigenschaften Sie die Probe verwenden. Indem sie sagen: »Ich verwende diese Münze, um nach Münzen zu suchen«, teilen Sie dem Pendel mit, daß

Sie nur die Eigenschaft »Münze« behalten wollen und nach Münzen Ausschau halten, gleich aus welchem Material, seien es Goldmünzen oder Spielmünzen aus Plastik. Dabei lassen sie alle anderen Eigenschaften wie Größe, Gewicht oder Zusammensetzung außer acht. Auf diese Weise können Sie eine Kupfermünze verwenden, um nach einer Goldmünze zu suchen, falls es das ist, was Sie interessiert. Sie müssen jedoch sich selbst und dem Pendel den Kontext deutlich machen. Die Frage erhält ihre Bedeutung aus dem Zusammenhang.

Der Vorteil dieser Arbeit mit dem Pendel, der Arbeit mit etwas, das man fühlen, berühren und festhalten kann, besteht darin, daß man gar nicht darüber nachzudenken braucht. Sie sollten es auch gar nicht. Es hat vielmehr eher ein Gefühl von Unmittelbarkeit – *das* ist es, wonach ich suche – und ein Gefühl von direktem Kontakt, der mit abstrakten Ansätzen, die genau definieren, wonach Sie suchen, nicht so leicht zu erreichen ist. Wir werden später auf diese Ansätze zurückkommen.

Bei traditionellen Methoden des Pendelns kann eine Probe für mehr als rein physikalische Entsprechungen verwendet werden. Bei den Spielen, die wir eingangs vorgestellt haben, gibt es dafür ein Beispiel: Wir haben einen Goldring verwendet – Gold als Analogie für weiblich –, um das Geschlecht eines ungeborenen Kindes zu bestimmen. Wenn das Pendel sich im Uhrzeigersinn bewegt – eine »Nein«-Antwort –, schwingt es nicht in Sympathie mit der Analogie, also ist das Kind wahrscheinlich kein Mädchen, sondern ein Junge.

Ein solcher Gebrauch einer Analogie als Werkzeug wird manchmal auch »sympathetische Magie« genannt. Analogien können auf symbolische Weise (Gold für weiblich) oder auf wörtliche Weise (Gold für Gold) verwendet werden. Einige der Standardtechniken, die beim medizinischen Pendeln verwendet werden, sehen so aus, als kämen sie direkt aus dem Repertoire der Zauberei: der Gebrauch eines Tropfen Blutes auf einem Stück Papier, eine Haarlocke oder ein kleiner Behälter mit abgeschnittenen Fingernägeln als Probe des zu behandelnden Patienten. In der radiästhetischen Praxis (»Radiästhesie« ist einer der Begriffe, die von Mantikern auf die spezifisch medizinischen Anwendungen des Pendels angewendet werden) gilt, daß es den gleichen Effekt hat, wenn man eine Probe für eine Weile neben ein bestimmtes homöopathisches Medikament legt, wie wenn man dem Patienten die Medizin direkt verabreichen würde.

Traditionell nennt man das eine »Distanzheilung«. Unter bestimmten Bedingungen, die sowohl von den betroffenen Menschen als auch von der Technik selbst abhängen, funktioniert das mindestens genauso gut wie konventionelle wissenschaftliche Medizin. Genaugenommen ist auch das ein Zufall im Sinne einer Koinzidenz. Die notwendige Wirkung trat ein, dem Patienten ging es besser, aber *wie* das genau geschah, wissen wir eigentlich nicht. Wir wissen, *daß* es funktioniert, aber nicht *wie*. Es ist völlig unmöglich, das Ganze im besten schulwissenschaftlichen Sinne auf eine einzelne Ursache festzulegen. Es liegt jedoch nahe, daß wir die Sichtweise sogenannter »primitiver« Völker über den magischen Gebrauch von Bildern, zum Beispiel von Fotografien, mit etwas mehr Respekt betrachten sollten. Bei Gegenständen, die man tatsächlich in der Hand halten kann, ist es gut, eine materielle Probe verfügbar zu haben. Bei Dingen, die man jedoch nicht festhalten kann, wie Radiowellen, ist das nicht möglich, und in vielen anderen Fällen, wenn man beispielsweise im Rahmen einer Diagnose nach Krankheiten sucht, ist es nicht ratsam.

Sie können jedoch einen Trick anwenden. Sie müssen den Gegenstand nicht unbedingt in der Hand halten, sondern können sich ihn vorstellen, ihn visualisieren, genauso wie wir es zuvor mit der eingebildeten Orange gemacht haben.

Der Gebrauch eines Bildes als Probe. Koinzidenz ist die Grundlage, Phantasie die Methode. Anwenden, statt darüber nachzudenken! Es gibt eine schier unendliche Anzahl von Möglichkeiten, sich etwas bildhaft vorzustellen. Es wäre unmöglich, sie hier alle aufzuzählen. Wir wollen nur einige der naheliegendsten vorstellen.

Sie können aufschreiben, wonach Sie suchen, und das als eine Art Probe verwenden. Anstatt eine Münze in der Hand zu halten und zu sagen: »Ich suche nach solchen Münzen wie diese«, können Sie auf einen Zettel schreiben: »Ich suche nach Münzen« und anstelle der Münze den Zettel in der Hand halten. Auch dann würden Sie sich selbst und dem Pendel mitteilen, daß Sie nach Münzen suchen. Sie benutzen das Stück Papier als eine Gedächtnisstütze.

Sie können auch einfach sagen, wonach Sie suchen. Sagen Sie sich selbst und dem Pendel einfach: »Ich suche nach Münzen«, ohne einen Zettel zu Hilfe zu nehmen. Sie können die Feststellung, wonach Sie suchen, rezitieren, so als ob Sie eine magische Beschwörung aussprechen würden. Wenn es hilft, können Sie laut, wie in einer Art Ritual, eine formale Aussage machen. Wie die Formeln, die ich lernen mußte, als ich Fliegen lernte. Sie können die Formel auch wie ein Mantra singen. Es ist jedoch nicht unbedingt ratsam, das in der Öffentlichkeit zu tun. Es gibt nichts, was Sie davon abhalten könnte, es in aller Stille zu tun, was genauso effektiv ist wie das Aufschreiben auf einen Zettel.

Sie können anstelle der Münze ein Bild, eine Fotografie oder eine Zeichnung in der Hand halten und sagen: »Dieses Bild repräsentiert die Münze, nach der ich suche«. Normalerweise ist es sehr von Nutzen, wenn das Bild einigermaßen genau den Gegenstand darstellt. Die Pendelreaktion tritt dann leichter ein und ist möglicherweise auch zuverlässiger, eine bessere Gedächtnishilfe. Wenn Sie das Bild jedoch nicht als spezifisches Muster verwenden, sondern als etwas, das Ihnen helfen soll, sich an etwas Ähnliches zu erinnern, dann reicht vielleicht auch eine grobe Skizze aus. Es bleibt Ihnen überlassen, wofür Sie sich entscheiden.

Sie können als Analogie für den gesuchten Gegenstand auch etwas völlig anderes benutzen, zum Beispiel die sogenannte »Mager-Scheibe«, ein Werkzeug, das von vielen Mantikern auf der Suche nach Wasser verwendet wird, um die Qualität des Wassers, das sie gefunden haben, zu bestimmen. Die Mager-Scheibe ist eine einfache Plastikscheibe, die in acht Segmente in verschiedenen Farben aufgeteilt ist. Jede Farbe soll einer bestimmten Wasserqualität entsprechen: Gelb für schwefliges Wasser, Rot für eisenhaltiges, Grau für Brauchwasser minderer Qualität, Weiß für reines Wasser, und Schwarz für Wasser, das man unter allen Umständen meiden sollte. Für andere jedoch ist Schwarz eine schöne Farbe. Es hängt von Ihnen ab, für welche Analogie Sie sich entscheiden. Um von dem Werkzeug Gebrauch zu machen, halten Sie die Scheibe an einem Segment, einer Farbe, fest und fragen das Pendel, ob die Qualität des Wassers dem entsprechenden Segment entspricht, ob es zu dieser Farbe paßt, mit ihr korrespondiert, Resonanz zeigt oder was auch immer. Gehen Sie ganz um die Scheibe herum und ermitteln Sie, ob das Pendel bei jeder einzelnen Farbe »Ja«, »Nein« oder »Idiot« sagt.

Sie können auch eine Zahl verwenden, um darzustellen, wonach Sie suchen. Man könnte das die »Speisekarten-Methode« nennen. »Einmal Nummer sechsundvierzig, bitte!« Das extremste Beispiel dafür ist die »radionische Box«, in der sämtliche Kombinationen von Krankheitssymptomen durch Werte auf der Skala des Instrumentes aufgezeigt werden können. Wenn die richtige Zahl auf den Skalen angezeigt wird, gibt das Pendel oder die »Klebefläche« eine Ja-Antwort. Im Prinzip kann jedes Problem, das man auf einen Satz standardisierter Antworten reduzieren kann, auf diese Weise behandelt werden.

Ebenfalls können Sie ein Muster oder ein Bild als Analogie verwenden, um etwas ganz Bestimmtes zu repräsentieren. In diesem Sinn gibt es viele Parallelen zwischen dem Gebrauch eines Pendels und einem klassischen Orakel wie dem I-Ging und dem Tarot. Der Hauptunterschied besteht darin, daß wir beim Pendeln eine einzelne spezifische Frage stellen und eine entsprechende Antwort erwarten. Im Tarot greifen wir dagegen auf eine reiche Symbolik zurück, die auf Karten dargestellt ist, welche sich über die Jahrhunderte entwickelt haben. Diese Karten sind eher Allegorien als Analogien, die dazu dienen, auf übergreifende Weise auf einen allgemeinen Hintergrund zu schauen. Auch hier gilt, wie beim Pendel: »völlig zufällig und überwiegend imaginär«. Ebenso wie das Pendel sind I-Ging und Tarot zwei von vielen Sammlungen von Werkzeugen – ich nehme an, von psychologischen Werkzeugen –, die nicht dazu da sind, daß man sich über sie den Kopf zerbricht, sondern daß man sie gebraucht.

Die einfachste aller Methoden besteht jedoch darin, eine Frage zu stellen, auf die man ein Ja oder ein Nein erwartet. Natürlich muß es eine Frage sein, bei der ein Ja oder ein Nein (bzw. ein »Idiot«) eine brauchbare Antwort ist.

An dieser Stelle müssen wir uns einmal daran erinnern, was wir vorher bei unseren Gesellschaftsspielen getan haben, bei denen wir uns mit Frage und Antwort-Spielen auseinandergesetzt haben. Mittlerweile sollten Sie eigentlich wissen, daß der schwierigste Teil darin besteht, die richtige Frage zu formulieren. Genau wie ein Wissenschaftler, der durch sein Experiment lediglich eine einzige Variable innerhalb einer übergeordneten Hypothese auf die Probe stellt, müssen wir eine Möglichkeit finden, unsere Frage so zu stellen, daß sie unzweideutig mit Ja oder

Nein, beziehungsweise durch eine der beiden Möglichkeiten eines Gegensatzpaares, wie positiv/negativ, männlich/weiblich, hoch/niedrig oder ähnliches beantwortet werden kann.

Die Schwierigkeit liegt darin, die Frage auf eindeutige Weise zu stellen. Wie Sie sich erinnern, stellten wir beim Auspendeln eines Poles einer Batterie in einem geschlossenen Gehäuse fest, daß wir nicht einfach fragen konnten: »Wie herum liegt die Batterie?«, denn das Pendel würde womöglich mit »Ja« darauf antworten. Selbst die Frage »Ist die Oberseite Positiv?« war nicht ganz eindeutig, weil wir bei »Oberseite« genauso auch an die Oberseite der Batterie, das heißt da, wo der Knopf ist, denken könnten, und die Antwort daher immer ein Ja sein könnte, ganz gleich wie die Batterie in dem Kasten liegt. Das ist nicht gerade hilfreich.

Es gibt zwei Fallen, auf die man besonders achten muß. Doppelfragen wie: »Ist dies negativ oder positiv?« und doppelte Verneinungen wie: »Ist dies nicht der richtige Weg?«, bei denen ein Nein entweder bedeutet »Nein, das ist er nicht« (also der richtige) oder »Nein, das ist nicht der richtige« (also der falsche).

Dazu ein Beispiel zur Illustration. Vor der Schlacht von Salamis, nahe Athen im alten Griechenland, fragte der persische König Xerxes seine Wahrsager, wie die Schlacht ausgehen würde. Sie sagten ihm, daß eine große Armee zerstört werden würde. Er war darüber sehr erfreut und ließ voller Siegesgewißheit seinen Thron auf den Klippen über Salamis aufbauen, um den Kampf zu beobachten. Xerxes hatte jedoch in seinem Eifer vergessen zu fragen, *welche* Armee eigentlich zerstört werden sollte. Sehr zu seinem Leidwesen war es dann seine eigene.

Wenn es Ihnen schließlich gelungen ist, eine Frage zu formulieren, dann klingt das oft so, als ob ein Rechtsanwalt in juristisch ausgefeilter Sprache fragen würde: »Befindet sich der positive Pol der Batterie an dem Ende der Schachtel, die nach oben gerichtet ist?« Sie können nichts als bekannt voraussetzen, denn sämtliche Annahmen – einschließlich derjenigen, die Sie nicht erwähnt haben, und derjenigen, derer Sie sich nicht einmal bewußt sind – werden Teil der Frage, die Sie an das Pendel richten. Jede Frage, die Sie an das Pendel richten, stellen Sie sich im Grunde selbst, beziehungsweise ihrer unbewußten Seite, und das Unterbewußtsein nimmt die Dinge *sehr* wörtlich.

Es ist gut, das Pendel so zu behandeln, als sei es dumm und schwer von Begriff, als würde es alle Fragen wörtlich beantworten, denn auf diese Weise können Sie anfangen zu lernen, unter welchen Annahmen und Vorurteilen Sie an die Dinge herangehen. Mit allegorischen Werkzeugen wie dem Tarot ist das gar nicht so leicht. Es ist sehr verführerisch, sich weitschweifig über die Symbolik des Tarot auszulassen, anstatt ohne Umschweife zur Tat zur schreiten. Wenn man aber eine einfache Frage stellt, kann man auch eine einfache Antwort erwarten. Hoffentlich. Auch wenn es nicht viel nützen sollte, so ist es wenigstens eine gute Denkübung.

Dieses Frage- und Antwortsystem ist wahrscheinlich der Schlüssel zum Verständnis des Pendels. Wenn Sie erst einmal begriffen haben, wie man eine Frage klar und deutlich stellt, dann werden Sie feststellen, daß die Antworten ganz von selbst kommen – jedenfalls manchmal, und schließlich immer öfter – ohne die Hilfe des Pendels, so, als ob die Hilfe des Pendels bei dem Prozeß überhaupt nicht nötig wäre. Und tatsächlich ist sie das auch nicht, denn Sie waren es ja von Anfang an selbst, der alles getan hat. Das Pendel ist lediglich ein gutes Werkzeug, um Ihnen zu zeigen, wie Sie sich selbst und damit den größeren, bewußteren Teil von sich selbst, auf eine völlig neuartige Weise nutzen können.

Frage und Antwort ist gleichzeitig die leichteste Möglichkeit, um mit Fragen der Quantität umzugehen. Wenn Sie quantitative Fragen, etwa »Wieviel?« oder »Wie viele?« stellen wollen, können Sie dem Rat von Autoren wie Lethbridge folgen und einfach zählen, wie oft das Pendel sich dreht. Eine Drehung des Pendels zählt eine Einheit dessen, was Sie suchen. Das kann jedoch extrem lange dauern und ermüdend sein, um nicht zu sagen, langweilig. Langweilig genug, um jemanden einschlafen zu lassen, wenn er ein paar tausend Umdrehungen zählt, wie das Lethbridge bei einigen seiner Datierungsexperimente getan hat. Statt dessen ist es viel einfacher zu fragen: »Ist es mehr als ... ?« und dann: »Ist es (soviel)?« und so weiter. Eine Folge von Fragen, die mit Ja oder Nein beantwortet werden, kann zu einer exakten Anzahl führen. Natürlich erfordert auch das Übung.

Wir werden auf solche Raffinessen und viele andere Aspekte des Frage- und Antwortsystems beim Gebrauch des Pendels noch weiter zu sprechen kommen, wenn wir auf die Frage: »Werkzeuge für was?«, – Werkzeuge, um herauszufinden, was wir eigentlich gefunden haben – eingehen. Erst wollen wir jedoch einige Möglichkeiten erkunden, zu beschreiben, wo Sie sich aus der Sicht des Pendels befinden, um die Koinzidenz dessen, wonach Sie suchen, mit dem Ort, an dem Sie sich befinden, zu markieren.

Werkzeuge für »Wo bin ich?«

Wenn Sie nicht wissen, wie Sie den Punkt markieren sollen, an dem Sie sich befinden, wird auch das Pendel nicht merken, wenn das, wonach Sie suchen, mit diesem Punkt zusammentrifft. Sie müssen also einen Weg finden, um dem Pendel zu sagen, wo Sie sich befinden, denn das ist keineswegs offensichtlich.

Selbst wenn wir nach streng physikalischen Regeln vorgehen würden, gerieten wir hier in Schwierigkeiten. Die Stelle, an der wir uns offenbar befinden, liegt direkt unter dem Pendel. Aber das Pendel steht ja niemals still, wo sollen wir dann die Stelle finden?

Wir können uns nicht aus der Affäre ziehen, indem wir sagen: »Hier« ist eben »irgendwo in dieser Gegend, ungefähr dort unter dem Pendel«, denn Sie werden bald feststellen, daß Sie oft auf den Millimeter genau, und manchmal auch gleichzeitig an zwei verschiedenen Orten, die meilenweit voneinander entfernt sind, sein müssen.

Wir können unsere Position also nicht einfach *annehmen,* wir müssen sie, während wir arbeiten, *definieren,* und damit beschäftigen sich die folgenden Werkzeuge.

Die Stelle markieren

»Ich bin da, wo ich bin« ist keine eindeutige Aussage. Wir wissen, daß das Pendel mit so etwas Probleme hat. Man kann zwar sagen, daß wir immer da sind, wo wir unsere Füße hinstellen. Unsere Füße stehen natürlich auf dem Boden, aber wo ist dann das Pendel? Schließlich halte ich es ja nicht an meinem großen Zeh – jedenfalls wäre das keine einfache Art, das Pendel zu halten, und selbst wenn ich es täte, geschähe nichts anderes, als daß sich das Pendel auf die gewohnte Weise umherbewegen würde. Was das Pendel anbelangt, gibt es keine bestimmte Stelle, von der man annehmen könnte, daß sie »hier« ist. Um die ganze Sache noch komplizierter und vielschichtiger zu machen, sind wir noch nicht einmal auf materielle Plätze oder Funktionen beschränkt. Wir haben bereits gesehen, daß die Frage: »Ist es real *oder* imaginär?« eine unzulässige Alternative ist, wenn wir es mit der Realität unserer *gesamten* Erfahrung, real *und* eingebildet, zu tun haben.

Man muß sich schon genauer ausdrücken. Man kann nicht voraussetzen, daß einem Pendel, das ja nicht gerade intelligent ist, völlig klar ist, was mit »hier« gemeint ist. Es ist viel zu verwirrend für das unverständige kleine Ding. Es ist, als würde man sagen: »Ich bin da, wo ich bin« und sich plötzlich fragen würde: »Wer bin eigentlich *ich*?« Also müssen Sie es dem Pendel mitteilen, es definieren.

Wenn Sie laufen, ist es am einfachsten, wenn Sie »hier« als die Spitze Ihres ausschreitenden Fußes definieren. Während Sie sich fortbewegen, bewegt sich das »hier« mit Ihnen, Schritt für Schritt, mit Ihren Füßen, während Sie gehen. Wenn Ihr Pendel eine Reaktion zeigt, halten Sie an und gehen Sie zurück. Das Pendel sollte dann wieder in seine neutrale Ausgangsposition zurückkehren. Dann bewegen Sie einen Fuß langsam wieder über die Stelle, über die Sie gerade gegangen sind. Während Ihre Zehen sich über die Stelle bewegen, an der die Reaktion gerade aufgetreten ist, sollte das Pendel wieder in die neutrale Position gehen, und umgekehrt sollte es wieder reagieren, wenn Sie den Fuß wieder über die Stelle halten. Sie markieren das »hier«, die Koinzidenz zwischen dem, wonach Sie suchen, mit dem Ort, an dem Sie sind.

Passen Sie jedoch auf, daß Sie hier nicht in eine der üblichen Fallen gehen. Seien Sie auf der Hut vor der Annahme, daß Sie, wenn Sie an die Stelle zurückgehen, an der die Reaktion stattgefunden hat, auf jeden Fall wieder eine Reaktion erhalten müssen. Vielleicht haben Sie sich ja schon beim ersten Mal geirrt. Jedesmal wenn Sie irgendwo nach etwas suchen, sollten Sie versuchen, so zu tun, als seien Sie noch niemals an der Stelle gewesen. Eine Übung in freiwilligem Gedächtnisverlust?

Wenn Sie eine Stelle suchen, die nicht am Boden, sondern im Schrank oder an einer Wand ist, dann können Sie natürlich nicht über die Stelle hinwegschreiten. (Ich habe schon Menschen gesehen, die das tatsächlich versucht haben, jedoch mit wenig Erfolg.) Beachten Sie auch hier, daß Sie die Regeln selbst bestimmen. Es gibt keinen Grund, warum Sie nicht ausnahmsweise einmal etwas Vernünftiges tun sollten, in Abwandlung eines bekannten Sprichwortes: »Was du im Kopf hast, brauchst du nicht in den Beinen zu haben.« Sagen Sie sich und dem Pendel einfach, daß »hier« von nun an durch die Spitze Ihres Zeigefingers markiert ist. So können Sie bequem die Wände hinaufspazieren. »Ich bin da, wo ich die Wand berühre.« Das gestattet Ihnen auch eine viel größere Genauigkeit, als wenn Sie versuchen würden auf einem Bein zu balancieren und mit dem anderen zu dem Punkt an der Wand zu gelangen. Sie können einfach Ihren Finger über die Stelle bewegen.

Das heißt nicht, daß es generell besser ist, die Finger zu benutzen, um etwas zu markieren, sondern lediglich, daß es unter bestimmten Umständen nützlicher sein kann. Wenn Sie mich fragen würden, welche Methode die bessere ist, dann würde ich Ihnen genauso frech wie ein Pendel antworten und sagen: »Ja«. Beide Techniken sind am besten, je nachdem, was Sie vorhaben. Entscheiden Sie sich für die jeweils am besten geeignete Methode, anstatt sklavisch das zu befolgen, was irgendein Buch über das Thema zu sagen hat. *Sie* entscheiden. Wenn Sie mit dem Pendel eine große Fläche abdecken wollen, dann ist es am besten, wenn Sie gehen und die Spitze des ausschreitenden Fußes als Markierungspunkt verwenden. Sie müssen nicht unbedingt auf Händen und Füßen über das Feld kriechen.

Den Weg weisen

Mit dem Pendel in der Hand umherzulaufen, hört sich zu sehr nach Arbeit an. Womöglich sogar nach harter Arbeit. Und das wollen wir doch tunlichst vermeiden. Wenn Sie es sich lieber ganz bequem machen wollen, sollten Sie das ruhig tun. Im Prinzip können Sie (fast) alles ganz bequem von Ihrem Lehnstuhl aus machen, selbst wenn die Ergebnisse nicht ganz so zuverlässig sind. Sie müssen nur die Richtung vorgeben.

Wenn Sie es genau nehmen, haben Sie das die ganze Zeit bereits getan. Sie weisen auf eine Stelle an der »Spitze des ausschreitenden Fußes« oder an der Spitze Ihres Zeigefingers. Sie berühren die Oberfläche und haben es daher bis zu einem gewissen Grade mit etwas Greifbarem zu tun. Sie markieren Ihre Position auf physische Weise. Dabei entscheiden Sie selbst, welcher Teil Ihres Körpers der Markierungspunkt ist. Es steht nicht von vornherein fest, es liegt ganz bei Ihnen. Ebensogut könnten Sie sagen, daß das »Hier« durch Ihre Nasenspitze markiert sein soll. Das wird jedoch wahrscheinlich nur in den seltensten Fällen sinnvoll sein.

Also suchen Sie sich andere Möglichkeiten, um das »Hier« zu markieren. Nehmen wir an, Sie gehen über ein Feld und folgen dabei einer unterirdischen Wasserleitung, die quer über das Feld bis zu einer Ecke, an der das nächste Feld beginnt, verläuft. Bis jetzt haben Sie die Position Ihrer Füße gebraucht, um beim Gehen das »Hier« zu markieren. Um jedoch der Linie weiter folgen zu können, müßten Sie das Nachbargrundstück betreten (worüber Ihr Nachbar nicht sehr glücklich wäre) und außerdem noch durch eine riesige Pfütze waten sowie unter einem Brombeerstrauch hindurchklettern – keine besonders rosigen Aussichten. Trotzdem haben Sie bereits herausgefunden, daß die Leitung über ein kurzes Stück unter einer Ecke des Nachbargrundstückes verläuft.

Klingt viel zu sehr nach Arbeit. Vielleicht ist das Ergebnis zuverlässiger, wenn Sie sich an der Brombeerhecke die Kleider zerreißen, aber es ist sicherlich nicht eleganter. Also schummeln Sie ein bißchen. Lassen Sie ihre Augen die Arbeit tun und definieren Sie den Punkt, auf den Sie blikken, als das »Hier«. Versuchen Sie mit den Augen Ihrer Phantasie die Leitung unter der Erde zu sehen. Lassen Sie das Pendel sagen, wenn Sie sich auf der richtigen Spur befinden oder wenn Sie sie verlieren. Sie können das Pendel nicht dazu bringen, daß es Ihnen den richtigen Weg weist, selbst wenn Sie die Absicht haben, selbst diesem Weg zu folgen.

Damit das Pendel Ihnen die Richtung weist, verändern wir ein wenig die Regeln. Bisher haben wir nur von vier Zuständen gesprochen, in denen sich das Pendel befinden kann: Ja, Nein, Neutral und »Idiot«. Wahrscheinlich haben Sie aber inzwischen gemerkt, daß es noch eine beliebige Zahl von Zwischenzuständen gibt, bei denen das Pendel von einer Bewegung in die andere übergeht. Es gibt einen Zustand, der »so gut wie ein Ja« ist, wenn das Pendel zögerliche Versuche macht, sich in der entsprechenden Richtung zu drehen. Ebenso gibt es einen »beinahe-Idiot«-Zustand, wenn es auf einer Linie vorwärts und rückwärts schwingt, die weder Neutral noch »Idiot« bedeutet, sondern irgendwo in der Mitte liegt. Bis zu einem gewissen Grad heißt das, daß das Pendel Fragen beantwortet, von denen Sie gar nicht wissen, daß Sie sie gestellt haben. Vielleicht ist es die individuelle Art Ihres Pendels, mit Zweideutigkeiten umzugehen. Wir haben anfangs nichts anderes getan, als eine Anzahl von Reaktionen zu erfinden, beziehungsweise aufzustellen, deren Bedeutung wir kennen. Wir können also genausogut noch andere Bewegungsarten zu der Liste hinzufügen, und auch aus ihnen Bedeutung gewinnen.

Wir sagen jetzt, daß wir den Weg gewiesen haben wollen, und bitten das Pendel höflich darum, ihn uns zu zeigen. Dazu schwingen wir es, bei der neutralen Position beginnend, und lassen es fortwährend schwingen, vorwärts und rückwärts. Die Linie jedoch, in der das Pendel schwingt, wird uns eine Richtung zeigen. Diesmal ist es nicht die Spitze unseres Fußes, sondern das vordere (nicht das hintere) Ende der Pendelbewegung.

Sie können das jetzt im Rahmen einer Übung ausprobieren. Schwingen Sie das Pendel im Neutralzustand. Fordern Sie es auf, nach Norden zu zeigen (wobei sie selbst entscheiden, ob Sie den geographischen oder den magnetischen Nordpol meinen). Die neutrale Pendelbewegung sollte so ausgerichtet sein, daß das vordere Ende der Schwingung nach Norden zeigt. Jetzt drehen Sie sich um neunzig Grad, so daß Sie nicht mehr länger mit dem Gesicht nach Norden stehen. Dann fragen Sie das Pendel noch einmal, wo Norden ist. Wenn Sie glauben, Sie wissen, wo Norden ist, versuchen Sie es zu vergessen, lassen Sie das Pendel einfach schwingen. Lassen Sie es selbst die Richtung finden, ohne daß Sie versuchen, ihm zu sagen, was es tun soll. Ich weiß sehr wohl, daß das nicht leicht ist, genausowenig, wie *nicht* an das Wort »Hippopotamus« zu denken. Trotzdem: Lassen Sie es einfach gehen, lassen Sie es geschehen, wie es will.

Eine andere Methode ist, einfach auf die Stelle zu zeigen. Stellen Sie sich Ihren ausgestreckten Arm vor, den Zeigefinger auf einen Punkt in der Entfernung gerichtet. Stellen Sie sich dann vor, daß eine unsichtbare Verlängerung Ihres Armes sich in einer geraden Linie bis ins Unendliche erstreckt. Das »Hier« ist dann an der Stelle, an der diese Linie den Boden, die Wand oder die andere Seite des Brombeerbusches berührt. Das Pendel wird eine Reaktion zeigen, wenn das, wonach Sie suchen, sich an dem Ort befindet, auf den Sie mit Ihrem unsichtbaren Arm, der verlängerten Geraden, zeigen.

Auf einmal haben Sie einen Röntgenblick. Sie können durch Wände sehen, in Wände hineinsehen. Natürlich nur in Ihrer Vorstellung, aber Sie wissen, wie Sie von Ihrer Vorstellungskraft mit Hilfe des Pendels Gebrauch machen können, um nützliche Ergebnisse zu erzielen.

Sie können auch mit einer Art Trigonometrie eine Stelle ermitteln, indem Sie den Schnittpunkt zweier Linien finden, zweier Richtungen, die aus der Reaktion Ihres Pendels abgeleitet werden können. Wenn Sie zum Beispiel die Stelle finden wollen, an der Sie auf einer Wiese einen Ring verloren haben, können Sie sich an eine Ecke der Wiese begeben und eine Frage stellen, die etwa so lautet: »Gib mir ein Ja, wenn ich auf den Ring zeige.« Achten Sie zuerst auf eine eventuelle »Idiot«-Antwort, die darauf hinweisen könnte, daß der Ring sich überhaupt nicht auf der Wiese befindet. Bewegen Sie dann Ihren ausgestreckten Arm langsam herum und versuchen Sie so, das gesamte Gebiet abzudecken. Merken Sie sich, an welcher Stelle eine Reaktion auftritt. Dann versuchen Sie es noch einmal von einer anderen Ecke der Wiese. Wenn es Ihnen gelingt, von beiden Seiten eine spezifische Richtung auszupendeln, dann liegt die Stelle, an der Sie den Ring verloren haben, am Schnittpunkt dieser beiden Linien. Hoffentlich! Mit einiger Übung sollten Sie jedoch in der Lage sein, selbst kleine Gegenstände mit erstaunlicher Leichtigkeit zu lokalisieren.

Eine andere Möglichkeit ist, Ihre Hand nicht als Zeiger, sondern als Fühler zu verwenden. Bewegen Sie Ihre Hand mit der Handfläche nach außen vorwärts, um den äußeren Rand eines Feldes (oder, wenn Sie wollen, einer Aura) zu erspüren, und lassen Sie das Pendel sagen, wann Sie anhalten sollen. Versuchen Sie es bei verschiedenen Menschen (vorausgesetzt, Sie können sie dazu bringen mitzumachen – falls nicht, versuchen Sie's mit einer Katze). Stellen Sie sich vor, daß die Menschen von einem Energiefeld oder einer Aura umgeben sind, die den Umfang ihrer Lebenskraft oder Lebensenergie beschreibt. (Wir haben keine Ahnung, woraus diese Lebensenergie eigentlich besteht, aber sie ist ein nützliches Bild. Außerdem arbeiten wir ja mit *Vorstellungen* und nicht mit Erklärungen.) Beginnen

Sie, indem Sie Ihre Hand etwa einen Meter weit von der Person (oder der Katze) entfernt halten. Bewegen Sie sich wie ein Verkehrspolizist mit ausgestreckter Hand, die Handfläche nach außen, auf sie zu und sagen Sie Ihrem Pendel, daß Sie eine Reaktion in Form eines Ja oder eines anderen Signals von ihm erwarten, sobald Ihre Hand durch den Rand des imaginären Feldes geht. Vielleicht geht sie auch durch mehrere Felder, denn eine Aura kann aus mehreren Schichten bestehen.

Dabei sollten Sie auf einige Dinge achten. Zum einen sollten Sie sich Ihre Ergebnisse aufschreiben und das Experiment an einem anderen Tag wiederholen. Stellen Sie lediglich die Veränderungen fest, versuchen Sie nicht, sie zu interpretieren. Was sie bedeuten, werden Sie allmählich lernen, während Sie Fortschritte machen – keinesfalls aus Büchern. Außerdem sollten Sie darauf achten, ob Ihre Hand etwas spürt, wenn das Pendel anzeigt, daß Sie gerade auf den Rand eines Feldes gestoßen sind. Viele spüren am Rand eines solchen Feldes ein Kribbeln, fast wie die statische Elektrizität, die man knistern spürt, wenn man mit trockenen Händen über einen Wollpullover oder eine Plastikfolie streicht. Andere verspüren eine Temperaturschwankung. Auch hier sollten Sie einfach davon Notiz nehmen, feststellen, wie es bei verschiedenen Menschen verschieden ist, oder auch bei derselben Person von Tag zu Tag variieren kann. Versuchen Sie nicht, irgendeine Regel daraus abzuleiten, sondern beobachten Sie einfach. Das Pendel zeigt lediglich ein grobes Ja-Nein-Schema. Die übergeordnete Bedeutung müssen Sie sich aus Ihren Beobachtungen erschließen. Irgendwann können Sie Ihre Beobachtungen dann ohne die Hilfe des Pendels anstellen. Aber das heben wir uns, wie man so schön sagt, »für später auf.«

Abschließend wollen wir noch eine Technik vorstellen, die überhaupt keine Mühe erfordert und besonders für Menschen geeignet ist, die lieber faul zu Hause bleiben als große Anstrengungen zu unternehmen. Einer meiner Kollegen, den ich um Rat fragte, was man gegen die Reisemüdigkeit unternehmen könnte, die einen immer nach einem Langstreckenflug überfällt, empfahl mir als einziges Mittel, zu Hause zu bleiben und den anderen das Reisen zu überlassen. Auch bei unserer »Pendeltechnik für Faule« geht es darum, andere die Fußarbeit machen zu lassen. Benutzen Sie einfach Ihre Mitmenschen als Markierungen, als Zeiger, als das andere Ende einer imaginären Linie, die von Ihren Augen ausgeht und den Ort markiert, der für die Arbeit des Pendels das »Hier« bildet. »Ich bin da, wo jetzt gerade das Kind dort drüben ist.« Was könnte einfacher sein? Stellen Sie sich vor, Sie sind an der Stelle, an der sich eine Person im Moment gerade befindet. Folgen Sie der »Spitze des ausschreitenden Fußes«, nur daß es sich diesmal um den Fuß einer anderen Person handelt, den Sie als Zeiger benutzen, und nicht um Ihren eigenen. Wenden Sie sich noch einmal dem Spiel zu, das wir im vorigen Kapitel gespielt haben, in dem Sie auf die Straße gehen, ohne sich von Ihrem Stuhl zu erheben. Entwickeln Sie eine deutliche Vorstellung davon, wie es ist, *da zu sein*, ohne daß Sie physisch wirklich da sein müssen. Trotzdem ist diese Methode in gewisser Weise leichter als die Imagination allein, weil Sie ja eine »echte« Straße vor Augen haben, anstatt nur eine imaginäre vor Ihrem inneren Auge. Sie können sich unter vielen Menschen einen aussuchen, dem Sie »folgen«, und ihn als Zeiger benutzen.

Diese Methode hat den Vorteil, daß Sie sich in einem Auto oder einer Toreinfahrt verstecken können, während das Pendel unter Ihrer Aufsicht für sich selbst spricht. Auf diese Weise brauchen Sie sich, wenn es regnet, nicht einmal die Füße naß zu machen. Außerdem sparen Sie sich die mögliche Peinlichkeit, die sich ergeben könnte, wenn Sie in der Straße auf- und abgehen und mit ernstem Gesicht auf die Mätzchen einer Kugel an einem Faden starren.

Imaginäre Welten

Wenden Sie sich noch einmal dem Spiel zu, in dem Sie auf einer imaginären Straße spazieren gehen. Stellen Sie sich nun vor, wie Sie auf die Straße herabschauen, von einem Standpunkt aus, der sich immer weiter in die Höhe bewegt, bis die Straße zusammen mit den anderen Straßen nur noch ein Muster bildet, wie auf einer Landkarte. Trotzdem können Sie, selbst aus großer Höhe, sich immer noch vorstellen, daß Sie durch die Straße laufen. Sie bewegen sich auf der Landkarte, und trotzdem sind Sie in Ihrer bildhaften Vorstellung auf der Straße.

Sie können also das »Hier« als den Ort definieren, der von einem Punkt auf der Landkarte dargestellt wird. Das bedeutet, daß Sie und Ihr Pendel nach Dingen Ausschau halten können, die durch Details auf der Landkarte dargestellt werden. Es geht nicht darum, etwas *auf* der Karte zu finden. Dort werden Sie nichts weiter finden als ein paar Kleckse und Kaffeeflecken. Es geht vielmehr darum, etwas zu finden, das durch die Details der Karte *dargestellt* wird. Dabei verwenden Sie die Karte als ein Bild des Ortes, an dem Sie sich umschauen möchten. Wieder einmal machen wir uns eine bildhafte Darstellung zunutze.

Der offensichtliche Vorteil des Kartenpendelns liegt darin, daß Sie Ihr Zimmer nicht zu verlassen brauchen. Sie schauen einfach auf die Karte und finden, was Sie suchen, auf der Karte. Sie können sich so mit unglaublicher Geschwindigkeit bewegen – Tausende von Meilen pro Sekunde – und riesige Gebiete absuchen, alles in einem Durchgang, denn alles ist bildhaft, imaginär. Dabei gibt es lediglich einen Haken: Sie müssen eine lebhafte Phantasie besitzen, um die Koinzidenzen beider Orte in Ihrem Geist zu bewirken: das »Hier«, auf das Sie in der imaginären Welt der Karte schauen, und das »Hier«, auf das Sie eigentlich in der physischen Welt schauen wollen.

Das ist gar nicht so leicht. Tatsächlich ist es sogar sehr schwer und erfordert sehr viel Übung, um zu verläßlichen Ergebnissen zu gelangen. Dabei ist eigentlich nichts weiter dabei. Sie gehen einfach in einer imaginären Welt spazieren und stellen sicher, daß diese imaginäre Welt mit der materiellen, »objektiven« übereinstimmt.

Es funktioniert mit jedem Bild: eine Fotografie, ein Diagramm, sogar eine einfache Skizze reicht aus, vorausgesetzt, Sie verfügen über ausreichende Informationen, nach denen Sie Ihr imaginäres Bild detailliert ausgestalten können. Dabei muß es sich noch nicht einmal um einen wirklichen Ort handeln. Ich habe beobachtet, wie ein Elektroingenieur mit einem Pendel nach Problemen auf einem schematischen Schaltplan einer Computerschaltung gesucht hat. Solange es ihnen gelingt, das Bild als genaue Darstellung eines materiellen Ortes oder Dinges in Ihrer Vorstellung zu haben, können Sie nach Herzenslust darin herumwandern.

Mit Bildern stellvertretend für die materielle Wirklichkeit zu arbeiten ist also gar kein Problem. Es ist auch nichts anderes als das, was wir vorher getan haben, als wir das »Hier« als den Punkt definiert haben, auf den beispielsweise Ihr Arm zeigt. Beim Arbeiten mit Bildern müssen Sie lediglich besser visualisieren, wo Sie sich befänden, wenn Sie an dem Ort wären, der durch das Bild dargestellt wird, denn Sie müssen ihn vor Ihrem inneren Auge sehen, anders als wenn Sie selbst am Rand der Wiese stehen und ihn mit den Augen ihres Körpers betrachten können.

Es gibt eine Vielzahl von Techniken, mit denen Sie sich in imaginären Welten umherbewegen können. Bei den meisten zeigen Sie mit dem Finger auf den Ort, oder, um genauer zu sein, mit einer Nadel oder einer Art Zeigestab, der kleiner ist als Ihr Finger.

Sie können zum Beispiel Koordinaten einführen und die Karte an den Rändern absuchen. Zuerst suchen Sie auf der

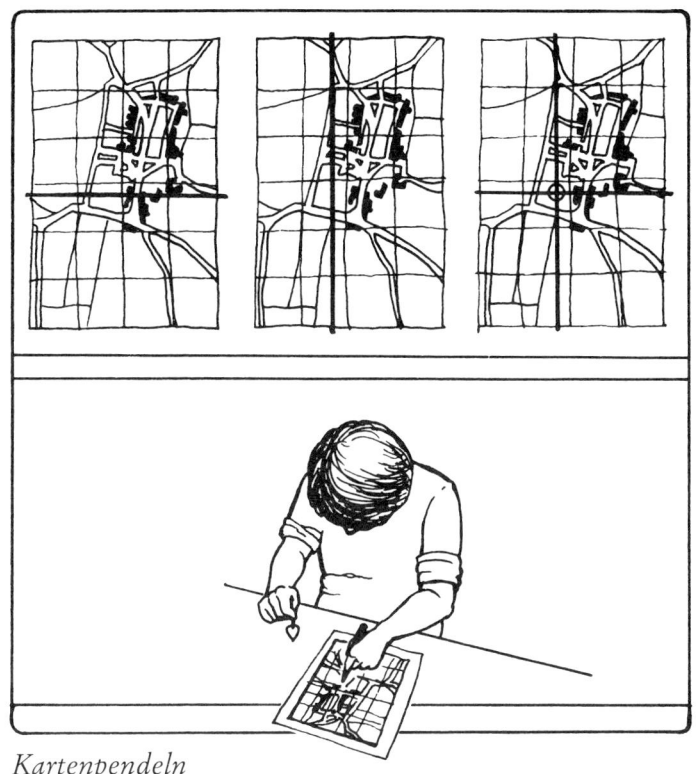

Kartenpendeln

Horizontalen. Wenn das Pendel reagiert, können Sie davon ausgehen, daß der gesuchte Gegenstand sich auf derselben Höhe befindet. Sie brauchen dann nur noch die Vertikale abzutasten. Wo die beiden Linien sich kreuzen, sollte die Position des Gegenstandes sein, jedoch nicht auf der Karte, sondern an der Stelle, die von dem Punkt auf der Karte repräsentiert wird. Ebensogut können Sie die Koordinatentechnik anwenden und, von zwei Ecken der Karte ausgehend, vielleicht mit einem Faden die Richtung bestimmen, die Ihnen die endgültigen Koordinaten liefern.

Oder Sie können mit dem Zeigefinger über die Karte wandern, wobei Sie das Pendel die Richtung anzeigen lassen, in der Sie sich bewegen. Es liegt ganz in ihrer Hand.

Vergessen Sie jedoch nicht: Es ist nur eine imaginäre Welt. Nichts ist wirklich gefunden, nichts bewiesen, bis Sie das, wonach sie gesucht haben, tatsächlich in Ihren Händen halten (vorausgesetzt, es ist etwas, das Sie tatsächlich in der Hand halten können). Um das zu ermöglichen, müssen Sie hinausgehen und es an Ort und Stelle finden. Kartenpendeln ist ein sehr nützliches Werkzeug. Es hat ein großes Potential, wenn Sie erst einmal gelernt haben, es zuverlässig zu nutzen. Es bleibt jedoch immer nur die Arbeit mit einer bildlichen Darstellung.

Kartenpendeln ist letztlich nichts anderes als die Suche mit dem Pendel nach der Koinzidenz einer bildlichen Darstellung von etwas, das Sie suchen und auf imaginäre Weise beschrieben haben, mit dem Bild von dem Ort, an dem Sie sich befinden. Dabei ist das Bild des Ortes oft eine erheblich verzerrte Darstellung der Gegend, in der Sie suchen. Alle diese Bilder mit dem, was Sie in der physischen Welt finden wollen, zusammenzubringen, erfordert wahrhaftig erhebliche Fertigkeiten in geistiger Akrobatik.

Das Spiel um die Zeit

Unser gesamter Zeitbegriff ist imaginär. Zeit ist kein »Ding«, das wir sehen oder berühren können. Wir können sie erfahren, aber sie entgleitet uns, sobald wir sie zu fassen bekommen wollen. Vergangenheit und Zukunft sind überhaupt keine »Fakten« sondern rein imaginär – Bilder, die vergangen sind oder vielleicht niemals Wirklichkeit werden. In streng physikalischem Sinn gibt es lediglich ein Jetzt und eine Wahrscheinlichkeit. Alles andere sind Vermutungen aus imaginären Welten, die auf verschwommenen Erinnerungen und unseren Annahmen über zukünftige Möglichkeiten beruhen. Zeit ist imaginär.

Daher besteht kein Unterschied, ob wir mit dem Pendel in der Zeit arbeiten oder mit Karten und Abbildungen. Beide sind imaginär, und bei beiden sind Fertigkeiten und Erfahrungen vonnöten, um die Wahrscheinlichkeit zu erhöhen, etwas Nützliches herauszubekommen.

Im Prinzip ist es ganz einfach. Nehmen wir an, Sie wollen wissen, wie hoch der Wasserverbrauch im letzten Dezember war. Nichts leichter als das: Nutzen Sie einfach unsere quantitative Technik, indem Sie fragen: »Betrug der Durchfluß hier im letzten Dezember mehr als zweihundertfünfzig Liter pro Minute?« Versuchen Sie, so gut Sie können, sich in die Zeit hineinzuversetzen. Wir haben alle einen Sinn für die Vergangenheit, ein Gespür für die Geschichte, und das Pendel wird daher wahrscheinlich – natürlich nur mit etwas Übung – eine ziemlich genaue Angabe machen können. Wenn Sie jedoch versuchen sollten, dieselbe Frage für den kommenden Dezember zu stellen, dann werden Sie wahrscheinlich auf alle möglichen Schwierigkeiten stoßen. Bestenfalls erhalten Sie einen Wert, der anzeigt, was wahrscheinlich meßbar sein wird, wenn es soweit ist.

Die Zeit ist ein paradoxes Labyrinth. Jeder würde gern in die Zukunft sehen können. Bei Voraussagen sind jedoch die Paradoxa am schwierigsten. Im Prinzip kann man dabei genauso vorgehen wie beim Kartenpendeln. Man muß nur die Koordinaten außer im Raum auch noch in der Zeit festlegen. Der Ausgangspunkt dabei ist, wenn Sie ihn nicht absichtlich anders definieren wollen, hier und jetzt im physikalischen Sinn. In der Praxis ist das jedoch gar nicht so leicht. Wir sollten erst einmal die Anwendungen des nächsten Kapitels betrachten, bevor wir uns dieser Technik zuwenden.

Werkzeuge für die Frage »Was habe ich gefunden?«

Wir haben nun ein paar grundlegende Werkzeuge zur Verfügung, mit denen wir der Koinzidenz des Ortes, an dem wir sind, mit dem Gegenstand, nach dem wir suchen, eine Bedeutung verleihen können. Außerdem haben wir Werkzeuge, um beides zu definieren. Das Pendel hat also reagiert. Welche Reaktion haben wir bekommen? Was müssen wir noch alles wissen, bevor die Reaktion eine Bedeutung bekommt?

Eine Frage und eine Antwort ist selten ausreichend. Wir müssen uns aus den Reaktionen auf eine Flut verschiedener Fragen ein Bild machen können. Dabei geht es nicht so sehr darum, daß wir sagen: »Hier ist eine Antwort, was ist die *nächste* Frage?« Jede Antwort führt zu einer neuen Frage, und die Antwort darauf ebenfalls, bis man ein detailliertes Bild dessen, wonach man sucht, bekommen hat, ein Bild, zusammengesetzt aus vielen Jas und Neins und einigen quantitativen Richtungsangaben.

Mit Hilfe dieser Methode können wir durch wiederholtes Nachfragen immer genauere Antworten erhalten und den gesamten Frage- und Antwortprozeß in eine bestimmte Richtung lenken.

Qualität und Quantität

Wir wissen nun, wie wir mit dem Pendel nach etwas suchen können. Nicht so offensichtlich ist jedoch, wie wir herausfinden können, was wir gefunden haben, wenn wir auf etwas gestoßen sind, das nicht ganz das ist, wonach wir eigentlich gesucht haben.

Eine einfache Methode, besonders wenn man im Freien

arbeitet, besteht darin, mehrere Proben an Ort und Stelle zu versuchen, nach dem Motto: »Ist es *das* hier?« Bei der Wassersuche gibt es darüber hinaus die erwähnte Mager-Scheibe. Für alles andere müssen Sie sich wieder auf Ihren eigenen Erfindungsreichtum und Menschenverstand verlassen. Wobei wir wieder einmal Gefahr laufen, im Trüben zu fischen. Sehen Sie also, welche Fragen auftauchen. Gehen Sie auf jede ein, besonders auf die, die so scheinen, als wären sie im Moment ganz angebracht. Sehen Sie, welche Antworten Sie bekommen, und achten Sie dabei besonders auf die »Idiot«-Antwort. Die könnte darauf hinweisen, daß Sie sich erheblich auf dem Holzweg befinden.

Ich erinnere mich beispielsweise daran, wie ich mich in meiner anfänglichen Beschäftigung mit dem Pendeln einmal darauf einließ, zu diagnostizieren, was mit einem kranken jungen Hund los war. Ich stellte eine Reihe von Fragen über die verschiedenen Körperteile des kleinen Tieres, die mit Ja oder Nein beantwortet werden konnten, bis ich schließlich meinte, die Ursache seiner Probleme auf die Leber zurückführen zu können. Ich machte trotzdem weiter und erhielt von da an nur noch die »Idiot«-Antwort: »Falsche Frage! Neue Frage bitte!« Ich hatte keine Ahnung, was los war. Ich wußte nicht, an welcher Stelle ich einen Fehler gemacht hatte, noch was ich als nächstes hätte tun können. Erst später fiel mir ein, daß ich eigentlich nach der Wurzel der Symptome und nicht nach dem Symptom selbst hätte suchen sollen. Das arme Hündchen hatte tatsächlich Probleme mit seiner Leber, aber die Ursache lag tiefer. Er hatte nämlich Würmer! Ein paar Pillen gegen Würmer beseitigten nicht nur die Würmer, sondern zugleich die Probleme mit der Leber.

Stellen Sie die richtigen Fragen, und Sie werden die richtigen Antworten erhalten. Wenn Sie jedoch an irgendeiner Stelle in der Reihenfolge der Fragen einen Schritt auslassen, wird sich Ihr Pendel sehr schnell im Kreis bewegen. Das Pendel unterscheidet sich da in keiner Weise von anderen Formen der Analyse in der wissenschaftlichen Forschung. Jede Frage ist nur dazu da, einen bestimmten Teil der Hypothese zu befragen. Die Antwort darauf ist gleichzeitig der Schlüssel zur nächsten Frage und zur nächsten Hypothese.

Wie gelangt man jedoch zu den Hypothesen? Wir lernen sehr schnell, daß das Aufstellen einer Hypothese eine ganz besondere Kunst ist. »Gute Frage«, sagt der Wissenschaftler, »und was ist die nächste Frage?«

Beim Pendeln besteht die Funktion des Mantikers darin, die Reaktionen des Pendels genau wie die Reaktionen eines Computers zu programmieren. Wenn man das Programm wechselt, ändert man die Spielregeln und damit den gesamten Kontext, so daß dieselben Antworten eine völlig andere Bedeutung haben können. Ebenso wie beim Computer gibt es auch beim Pendel verschiedene Möglichkeiten, diese Regeln zu definieren. Einige davon sind gut, andere schlecht, wobei »gut« und »schlecht« sich lediglich darauf bezieht, wie gut sie die Kriterien Effektivität, Zuverlässigkeit, Eleganz und Angemessenheit erfüllen.

Ein Beispiel für die Veränderung der Spielregeln ist die übliche zweite Frage, nämlich die Ermittlung der Tiefe dessen, was Sie gefunden haben. Hier müssen wir als erstes die Position dessen, was Sie auf einer Ebene, der Horizontalen, gefunden haben, herausfinden. Anschließend müssen wir die Position auf der anderen Ebene, der Vertikalen, finden, wobei wir einen weiteren Durchgang an derselben Stelle machen. (Falls das die falsche Stelle sein sollte, achten Sie auf die Idiotenantwort, wenn sie nach der Tiefe suchen!)

Als erstes sollten Sie also immer die Position eines Gegenstandes – einer Münze zum Beispiel – ermitteln. Gehen Sie umher und stellen Sie eine Frage wie etwa: »Gib mir ein Ja, wenn ich mich direkt über der Münze befinde!« Halten Sie

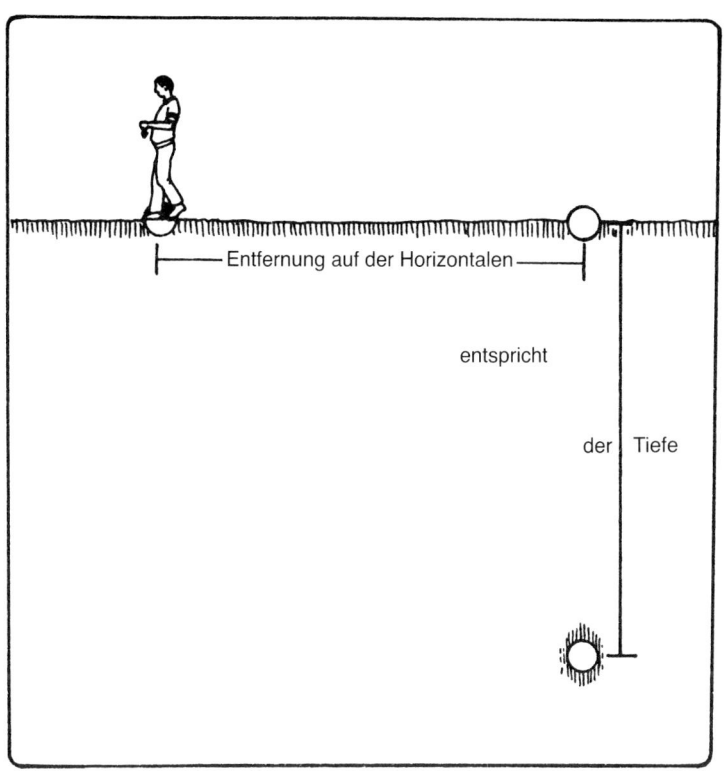

Der Rösselsprung

an, wenn Sie ein Ja vom Pendel erhalten. Sie haben jetzt die Position auf der Horizontalen gefunden, als nächstes müssen Sie die Tiefe der Münze ermitteln.

Die klassische Methode ist der sogenannte »Rösselsprung«: »Die Entfernung auf der Horizontalen entspricht der Tiefe des Gegenstandes.« Markieren Sie als erstes die Stelle, an der Sie den Gegenstand auf der Horizontalen gefunden haben, mit einem Stock oder etwas ähnlichem. Traditionsgemäß eignet sich am besten ein Metallstab (obwohl sicher einige Mantiker da anderer Meinung wären), aber jede Art Stab wird funktionieren, solange Sie etwas haben, woran Sie sich orientieren können.

Jetzt ändern Sie die Spielregeln. Sie suchen noch immer nach der Münze, aber jetzt geht es um die Tiefe. Die Regel heißt nun: Die Distanz von der Markierung bis zur nächsten Reaktion auf der Horizontalen gleicht der Tiefe in der Vertikalen. Gehen Sie zurück zur Markierung und versuchen Sie es noch einmal nach der neuen Regel in einer anderen Richtung. Eigentlich sollten Sie dieselbe Reaktion in derselben Entfernung von Ihrer Markierung erhalten, obwohl es sich um eine andere Richtung handelt. Falls das nicht der Fall ist, sollten Sie noch einmal scharf über das, was Sie gerade getan haben, nachdenken!

Eine andere Methode wäre, einfach auf der Stelle zu treten. Stellen Sie sich vor, Sie gehen mit jedem Schritt, den Sie auf der Stelle treten, in die Tiefe. Die Regel in diesem Fall würde lauten: »Gib mir ein Ja, wenn ich dieselbe Anzahl von Schritten auf der Stelle gelaufen bin, die ich in die Tiefe hätte laufen müssen, um die Münze zu finden.«

Eine andere Möglichkeit ist, einfach zu zählen: Jede Umdrehung des Pendels im Ja-Modus bedeutet einen Schritt in die Tiefe oder eine Handbreit oder was gerade angebracht ist. Sie selbst bestimmen die Regeln, also können Sie auch die Maßeinheiten bestimmen.

Die leichteste Methode ist jedoch vielleicht auch hier die Ja/Nein-Alternative. Sie fragen das Pendel einfach, wie tief die Münze unter der Erdoberfläche verborgen ist. »Liegt sie tiefer als zwanzig Zentimeter?« »Ja.« »Liegt sie tiefer als vierzig Zentimeter?« »Nein.« »Liegt sie tiefer als dreißig Zentimeter?« »Ja« und so weiter, bis Sie die genaue Tiefe ermittelt haben. Eine andere Methode: Entscheiden Sie sich für eine bestimmte Maßeinheit, sagen wir, Zentimeter, und zählen Sie langsam solange, bis Sie ein Ja bekommen: Zehn – zwanzig – dreißig und so weiter.

Auch hier sollten Sie besonders auf die »Idiot«-Antwort

achten, die bedeuten könnte, daß Sie irgendwo einen Schritt ausgelassen haben.

Nochmals Ja und Nein

Der genaue Ablauf von Frage und Antwort bei der Mantik kann sehr komplizierte Formen annehmen. Man kann sich die Arbeit sehr erleichtern, wenn man, bevor man anfängt zu pendeln, das Vorgehen mit Hilfe eines Diagramms, einer Liste, einer systematischen Darstellung oder irgendeiner Methode, das Vorgehen zu systematisieren, festlegt. Auf diese Weise wissen Sie immer, wo Sie sich im Gesamtablauf befinden und was Sie tun. Womit wir wieder beim Ritual angelangt wären, wenn Sie so wollen.

Wenn Sie eine Liste haben, brauchen Sie sich bei der Durchführung Ihrer Pendelsitzung nur noch Punkt für Punkt daran zu halten. Jede Frage ist auf der Liste genau formuliert, Sie brauchen sie nur noch abzuhaken. Auch hier ist es wichtig, auf die »Idiot«-Antwort zu achten, denn die Tatsache, daß Sie nun eine Liste haben, heißt noch lange nicht, daß Ihre Fragen auch die richtigen sind.

Dabei spielt es keine Rolle, was für eine Liste Sie nehmen. Ich habe Leute gesehen, die mit Listen homöopathischer Mittel oder Bachblütenessenzen gearbeitet haben. Andere verwendeten Listen elektronischer Bauteile, Straßenverzeichnisse, Aufzählungen verschiedener Räucherwaren für magische Rituale oder akademische Nachschlagewerke. Und natürlich jede Menge Speisekarten. Es gibt sogar ein ganzes Buch über das Pendeln: Jurriaanse, *The Practical Pendulum Book*, (Das praktische Pendelbuch), das hauptsächlich aus Tabellen und Listen besteht, die für das Pendeln geeignet sind. Die besten Listen sind jedoch immer solche, die Sie selbst aufstellen und die der Art und Weise, wie *Sie* arbeiten, am besten angepaßt sind.

Ich habe dieses Verfahren benutzt, um Fragen zu beantworten, auf die es mehrere mögliche Antworten gibt. Im *I-Ging* zum Beispiel werden mehrere alternative Erläuterungen für jedes Hexagramm angegeben, also zeigte ich auf jeden einzelnen Text und fragte nach einem Ja. Manchmal erhielt ich für keinen der Abschnitte ein Ja und mußte noch einmal von vorn anfangen. Ich habe das Verfahren jedoch auch schon bei besonders komplizierten schematischen Darstellungen auf der Suche nach einem besonders schwer aufzufindenden Fehler eines Computerprogramms angewandt. Interessanterweise konnte ich oft die Stelle mit Hilfe des Pendels nicht finden, aber wenn ich während meiner Suche auf das Gewirr von Buchstaben und Zahlen schaute, sprang mir scheinbar völlig grundlos ein bestimmter Abschnitt ins Auge, und es stellte sich heraus, daß genau dort der Fehler verborgen war. Das war eine meiner ersten Erfahrungen mit dem »Pendeln ohne Pendel«. Vielleicht fing ich an zu lernen, meine Augen als Pendel zu verwenden?

Wahrscheinlich glauben Sie, daß das Ganze eher auf eine Kombination von Glück und gesundem Menschenverstand zurückzuführen sei. Das ist sicher nicht falsch, denn in Wirklichkeit gibt es keinen Unterschied, beides ist dasselbe. Das Pendel lehrt uns lediglich, wie wir erkennen können, wenn diese besonders rare Tugend des gesunden Menschenverstandes einmal aktiv ist. Und Glück ist nicht so sehr glücklicher Zufall, als vielmehr die Fähigkeit, eine nützliche Koinzidenz zu erkennen, wenn sie eintritt. Alles, was wir bisher beschrieben haben, dreht sich um das Erkennen nützlicher Koinzidenzen, eine »Technologie des Glücks«, wenn Sie so wollen.

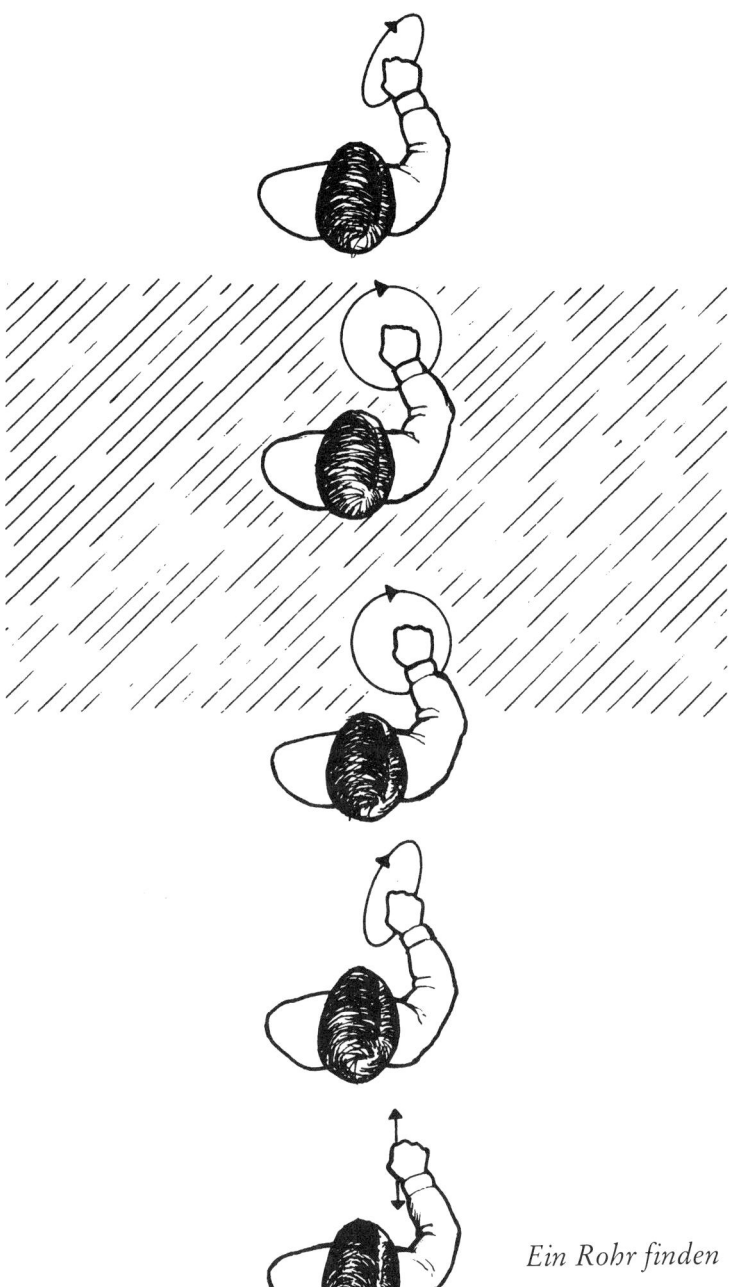

Ein Rohr finden

Zusammenhänge herstellen

Es wäre sicherlich am leichtesten, wenn man jede Entwicklungsstufe und jede Technik des Pendelns isoliert betrachten könnte. Tatsächlich baut jedoch eines auf dem anderen auf, und alles funktioniert als ein Ganzes. Alles zusammen bildet die Gesamtheit Ihrer Praxis. Eins muß sich zum anderen fügen.

Um das zu verdeutlichen, sei hier ein Beispiel für die Anwendung des Pendels im Freien erwähnt: das Finden der Verstopfung einer Wasserleitung. Vorausgesetzt, Sie wissen bereits, daß die Leitung verstopft ist, oder besser: Sie wissen, daß die Leitung nicht nur verstopft, sondern auch die Ursache des Problems ist, um das Sie sich kümmern sollen (vielleicht sollten Sie hier wieder besonders auf die »Idiot«-Antwort achten!), dann können Sie die Fragestellung in verschiedene Stufen aufteilen:

1. Finden Sie das Rohr. Am leichtesten ist es im allgemeinen, wenn Sie wissen, an welchem Punkt Sie mit der Suche anfangen können. Ansonsten definieren Sie dem Pendel das Rohr als »das Rohr, nach dem ich suchen soll«.
2. Finden Sie den Verlauf des Rohres. Sie suchen hier nicht nach einem Gegenstand, sondern nach dem Verlauf des Gegenstandes – schon wieder eine Veränderung der Spielregeln. Die einfachste Methode, das zu tun, besteht darin, einfach an dem Rohr entlangzulaufen und das Pendel nach der Richtung zu fragen. Natürlich sollte es dabei zurück zum Rohr weisen, wie wir das im Abschnitt »Den Weg weisen« auf Seite 106 beschrieben haben.
3. Gleichzeitig mit der Laufrichtung des Rohrs sollten Sie nach der Stelle der Verstopfung suchen. Eine Möglichkeit, dies in Angriff zu nehmen, ist, dem Pendel zu

sagen, daß es so lange eine Richtungsangabe geben soll, bis Sie sich über der Stelle der Verstopfung befinden. Dort soll es sich im Kreis drehen oder irgendeine andere Bewegung vollziehen, die Sie dem Pendel als Ja-Antwort vorgeben. (Jede Nein- oder »Idiot«-Antwort ist also ein Warnsignal, daß hier etwas anderes vor sich geht.)

4. Wenn Sie die Stelle der Verstopfung gefunden haben, müssen Sie die Tiefe ermitteln. Wie Sie wissen, gibt es dafür eine Reihe von Möglichkeiten: Sie können in Metern oder Zentimetern zählen, den Rösselsprung anwenden oder eine Reihe von »Wie weit?«-Fragen stellen. Achten Sie darauf, daß Sie keine unmögliche Tiefe herausbekommen. Keine Abwasserleitung liegt tiefer als zwei Meter in der Erde, wenn Sie also einen Wert von fünfzig oder hundert Metern bekommen, ist offensichtlich etwas nicht in Ordnung.

5. Schließlich müssen Sie natürlich herausfinden, ob es noch weitere Verstopfungen gibt.

Achten Sie immer darauf, ob etwas Besonderes passiert, das für Sie ein Warnsignal sein könnte, daß Sie auf dem falschen Weg sind: absurde Tiefenangaben oder Pendelbewegungen, ohne daß eine bestimmte Frage gestellt wurde. Vielleicht haben Sie auch nur ein unbestimmtes Gefühl – ich kann es nicht genauer beschreiben –, daß irgend etwas nicht in Ordnung ist.

Diese Verbindung sämtlicher Sinneseindrücke zu einem sinnvollen Ganzen, einer totalen Synthese, ist etwas, das Sie am dringendsten entwickeln sollten. Tatsächlich kann – und sollte letztendlich – die Fähigkeit zur Zusammenschau das Pendel ersetzen. Sie sollten einen Zustand erreichen, in dem Sie es einfach *wissen*.

Die Antworten in Frage stellen

Die Gesamtheit Ihrer Sinneseindrücke, zu einer Synthese verschmolzen, ist Ihr wirksamstes Werkzeug, um die Antworten, welche Sie erhalten, in Frage zu stellen. Ihr Pendel ist immer bereit, Ihnen einen Gefallen zu tun. Es wird auch keinen Moment zögern, Ihnen eine falsche Antwort zu geben, wenn es der Meinung ist, daß Sie eine haben wollen. (Wenn Sie nicht einsehen, warum dies so sein sollte, denken Sie nur einmal an die weitreichende Wirkung psychologischer Blockaden und Vorurteile, denn mit solchen haben wir es hier zu tun.) »Garbage in – garbage out« würde der Programmierer hier sagen. Irgend etwas müssen Sie haben, was Sie dem entgegensetzen können, irgendeine Vergleichsmöglichkeit, einen Kontrast, eine Kontrolle. Dieses Etwas heißt: Hören, Urteilsfähigkeit, Geschmack. Hören – aktiv nach innen hören.

Wenn Sie ein Pendel benutzen, sprechen Sie zur Welt: Sie sprechen die Welt an, und die Welt sind Sie selbst und alles, was Sie umgibt und in Ihnen ist. Sie müssen also zuhören. Es ist allerdings nicht leicht, zuzuhören und gleichzeitig zu sprechen.

Was Sie hören oder wem sie zuhören, ist das, was ein Zen-Buddhist den »Klang des Klatschens einer einzelnen Hand« nennen würde. Sie suchen nach einem Raum, in dem Dinge geschehen können, einem ruhigen Raum, in dem Sie nach Fakten fischen und darauf warten können, daß früher oder später etwas anbeißt. Diesen Zustand zu beschreiben, ist so ähnlich, als wollte man eine völlig automatische Fähigkeit beschreiben, beispielsweise auf dem Fahrrad so das Gleichgewicht zu halten, daß man nicht umkippt. Es ist nicht schwer, man braucht nur die Balance zu halten. Man weiß einfach, wie es geht. Man weiß es jedoch erst, wenn man es *getan* hat. Davor klingt alles wie mystisches Gequatsche. Bis man es gelernt hat. Dann ist alles offensichtlich. Aber versuchen Sie einmal, es jemandem zu beschreiben. Dann können Sie sehen, wie frustrierend es sein kann, etwas so Einfaches in Worte zu fassen. Sie *wissen* genau, was es ist, Sie können nur nicht *sagen*, was es ist. »Das Tao, das man beim Namen nennen kann, ist nicht das ewige Tao.« So oder so ähnlich ist es auch beim Pendeln. Noch ein Jokerspiel?

Das Pendel folgt einer strengen Logik, aber Sie bestimmen die Regeln. Alle Antworten, die das Pendel Ihnen gibt, entsprechen der Logik Ihrer Regeln – *aller* Ihrer Regeln, denn, wie wir gesehen haben, gibt es auch eine Anzahl von Regeln, derer Sie sich nicht bewußt sind. Eine der schwerwiegendsten Einschränkungen, denen diese Logik unterliegt, ist, daß sie nur innerhalb des gegebenen Rahmens ihrer Regeln antworten kann. Es gibt darin keine Möglichkeit, die Regeln selbst in Frage zu stellen.

Die Regeln *sind* die Logik. Bestimmt werden die Regeln von etwas, das außerhalb der Logik liegt. Das heißt nicht, daß es unlogisch ist – das wäre ja lediglich Gedankenlosigkeit –, sondern »alogisch«, außerhalb des Geltungsbereiches der Logik. Jenseits des Ja-Nein-Denkens. Beim Denken dreht es sich zwar um Ja oder Nein, aber es dreht sich auch darum, konzentriert und genau zu sein, immer nur eine unzweideutige Frage auf einmal zu stellen. Gleichzeitig müssen wir jedoch sehr offen sein, alles mitbekommen, alle Gefühle, scheinbar unbedeutende Nebensächlichkeiten, Warnzeichen, ominöse Hinweise, Hintergrundgeräusche, alles, was einen Ausgleich für die messerscharfe Genauigkeit des Denkens bilden kann. Es dreht sich um Teamarbeit, so wie der Kameramann, der die Welt nur durch seine Linse sieht, von dem Kameraassistenten ergänzt wird, der alles Geschehen ringsumher im Auge hat. Es geht also darum, gleichzeitig begrenzt zu *denken* und unbegrenzt zu *sein*. Nach innen hören, einfach nur sein.

Wir suchen nach einer Möglichkeit, richtig zu funktionieren, nach einer Spielregel, die effizient, zuverlässig, elegant und angemessen ist. Nennen wir es die »Technologie des gesunden Menschenverstandes« oder die »Technologie der Selbsterkenntnis«.

Das beste Werkzeug der Welt

Das beste Werkzeug ist eigentlich überhaupt kein Werkzeug. Es ist vielmehr ein Zustand, im dem Sie weder Werkzeuge noch Methoden brauchen. Statt dessen sind Sie selbst das Werkzeug, alle Werkzeuge gleichzeitig. Das verlangt jedoch ein gutes Stück geistiger Akrobatik. Sie müssen Gespür entwickeln, in jedem Moment das richtige Werkzeug und die richtige Technik parat zu haben, immer das angemessenste Mittel wählen. Wir nennen diesen Zustand »Vollkommenheit« oder »Meisterschaft«. Der Weg dorthin ist jedoch noch weit.

Die Praxis

Wozu Pendeln?

Wir wissen schon eine ganze Menge über das Pendeln und haben vielleicht schon eine etwas bessere Antwort auf die Frage nach dem Sinn des Pendelns. Schließlich haben alle Werkzeuge und Methoden nur einen Sinn, wenn wir sie auch einsetzen. Das liegt natürlich ganz allein bei Ihnen selbst. Sie müssen Ihren eigenen Weg finden, Ihre eigenen Anwendungen entwickeln. Wir können hier lediglich Anregungen für den Anfang geben, einige Anfangsübungen vorstellen, um zu sehen, was man mit einem Pendel alles anstellen kann – vorausgesetzt natürlich, man kann überhaupt etwas damit anstellen.

Zwei Dinge sollte man dabei jedoch nicht aus den Augen verlieren. Zum einen ist ein Pendel ein außerordentlich vielseitiges Werkzeug, wenngleich es keinesfalls den menschlichen Verstand ersetzen kann. Ich kenne Menschen, die überhaupt nichts selbst entscheiden können, ohne zuvor ihr geliebtes Pendel befragt zu haben. Für eine kurze Zeit mag das eine interessante Übung sein, langfristig jedoch kann es sich zu einer gefährlichen Abhängigkeit entwickeln. Wenn man es soweit kommen läßt und dann irgendwann sein Pendel verliert, hat man buchstäblich mit dem Pendel auch seinen Verstand verloren. Das Pendel ist ein nützliches Werkzeug, aber keine Notwendigkeit. Man sollte sich niemals so vom Pendeln gefangennehmen lassen, daß man es zum Leben braucht.

Zum zweiten darf man nie vergessen, daß das Pendel nur ein Werkzeug unter vielen ist. Die ganze Werkzeugkiste enthält noch viel mehr Werkzeuge. Einige Fragen wie etwa: »Ist es hier?« beantwortet das Pendel ausgezeichnet, aber für andere Fragen, wie »Was soll ich jetzt tun?« ist es vollkommen nutzlos. Wenn wir über das Pendel sprechen, ist es in vielfacher Hinsicht genauso, als würden wir über einen Hammer sprechen. Man kann mit einem Hammer überraschende Dinge anstellen, aber wenn man ihn einem Kind in die Hand drückt, wird es wahrscheinlich davon ausgehen, daß alles in seiner Umgebung damit bearbeitet werden muß. Jemand hat den Hammer einmal den »Schraubenzieher für Eilige« genannt, weil einige Handwerker offenbar meinen, mit einem Hammer die Dinge enorm beschleunigen zu können. Wir meinen jedoch, daß es zur Befestigung einer Schraube wesentlich bessere Werkzeuge in unserer Kiste gibt.

Effizient, zuverlässig, elegant und angemessen – eine nützliche Reihe von Kriterien, die man noch ergänzen sollte durch: »Machen Sie es sich nicht schwerer, als es ist!« Kurz und bündig: Behalten Sie Ihren Verstand und vertrauen Sie auf Ihr Gespür. Das Denken spielt keine so große Rolle wie das Sein, präsent sein in der Gegenwart.

Mehr Spiele

Das Beste, um unser Wissen in die Praxis umzusetzen, ist vielleicht ein Spiel. Also spielen wir noch ein paar Spiele. Diesmal sollen die Spiele jedoch echte Ergebnisse hervorbringen. Vielleicht ist es besser, wenn wir, um den Joker nicht aus der Hand zu geben, sagen, daß es nicht unbedingt funktionieren *muß*. Trotzdem wäre es schön, wenn es funktionieren würde. Ganz sicherlich würde es dem Ganzen einen ungeheuren Auftrieb geben.

Eine Bemerkung am Rande: Sie sollten nicht allzusehr auf Ergebnisse fixiert sein. Entspannen Sie sich. Machen Sie eine Pause. Sie können nichts erzwingen. Der Gebrauch eines Pendels ist oft einer Fahrt im Nebel vergleichbar: Alle unsere Sinne versuchen irgendeine Information aus der grauen Masse, die vor uns liegt, herauszufiltern. Das kann sehr ermüdend werden. Je mehr Sie sich anstrengen und darauf bestehen, etwas zu erreichen, desto ermüdender wird es. Versuchen Sie also nicht, es zu forcieren. Machen Sie kleine Schritte. Spielen Sie!

Die verlorenen Schlüssel

Das Hütchenspiel kennen wir bereits. Was passiert aber nun, wenn es einmal wirklich ernst wird? Nehmen wir einmal an, Sie haben Ihre Autoschlüssel verloren. Was wollen Sie anstellen, um sie wiederzufinden?

Sie können ja nicht einfach damit anfangen zu fragen: »Wo sind meine Schlüssel?« Auf diese Frage würde das Pendel wahrscheinlich mit Ja antworten, und Sie wären genau so schlau wie vorher. Sie müssen schon ein wenig präziser in Ihren Angaben sein.

Definieren Sie also, wonach Sie suchen. Visualisieren Sie die Autoschlüssel, machen Sie sich ein deutliches Bild von Ihnen. Dies sind *meine* Autoschlüssel. Sie gehören zu *diesem* Auto. Mit einem Schlüsselring, der genau so aussieht. Ich muß sie unbedingt finden. Und zwar sofort, denn ich habe mich bereits verspätet. Keine Panik. Lassen Sie los. Lassen Sie es geschehen. Sehen Sie, welche weiteren Informationen aufsteigen, welche Details Ihnen in den Sinn kommen, während Sie das Pendel benutzen.

Erste Frage: »Sind sie im Haus?« Vorausgesetzt, die Antwort lautet: »Ja«, dann können Sie die Suche auf immer kleinere Einheiten konzentrieren. Falls nicht, müssen Sie selbst sehen, wonach Sie fragen.

Sind Sie in diesem Raum? Sind sie im ersten Stock oder im Erdgeschoß? Achten Sie auf die »Idiot«-Antwort.

Bitten Sie das Pendel, die Richtung zu zeigen, in der die

Schlüssel zu finden sind. Folgen Sie der Richtung, in die es weist. Legen Sie fest, daß das Pendel sich wie bei einer Ja-Antwort drehen soll, wenn Sie sich in der Nähe des Schlüssels befinden, beziehungsweise wenn sich die Spitze Ihres ausschreitenden Fußes über den Schlüssel bewegt. Sie sind jetzt schon bis zur Flurgarderobe gelaufen, und das Pendel hat noch immer keine positive Reaktion gezeigt. Hier haben Sie schon nachgesehen. Sie sind nicht mehr in der Jackentasche. Da hätten sie gewesen sein müssen, denn da haben Sie sie zum letzten Mal gesehen.

Nein, nicht in der Jackentasche. Dummes Pendel. Also noch einmal von vorn. Aber halt! Da dreht sich das Pendel plötzlich. Warum nur? Sie zeigen auf jede einzelne Jacke an der Garderobe. Das Pendel hört auf, sich zu drehen. Die Schlüssel scheinen wohl doch in keiner dieser Jacken zu sein. Sie gehen einen Schritt zurück. Das Pendel dreht sich wieder. Näher zum Fußboden. Nichts. Plötzlich erinnern Sie sich. Da hat es doch so ein Geräusch gegeben, als Sie die Jacke an den Haken gehängt haben. Nun gut. Sie schauen in den Stiefeln am Fußboden nach.

Da sind ja die Schlüssel. Sie waren in die Stiefel gefallen. »Ich hätte es ja wissen sollen. Ich brauchte nur ein wenig nachzudenken. Dazu hätte ich das Pendel gar nicht gebraucht, oder? Schließlich war es ja doch mehr oder weniger Zufall...«

Großfahndung

Noch ein Spiel. Eine Schnitzeljagd ohne Papierschnitzel, eine Großfahndung auf einer imaginären heißen Spur.

Zu diesem Spiel braucht man zwei (oder mehr) Mitspieler, die sich in einen Park oder einen Wald begeben, in dem so etwas wie Spazierwege erkennbar sind. Als erstes sollte sich einer der Mitspieler auf einem beliebigen Weg von den anderen entfernen. Dabei ist es eine gute Idee, sich an einem bestimmten Ort nach einer bestimmten Zeit, etwa einer halben Stunde, zu verabreden, falls man sich nicht wiederfinden sollte. Bis dahin versteckt man sich.

Das Ziel ist, nicht nur die versteckte Person wiederzufinden, sondern auch den Weg, den sie genommen hat. Nach einer Minute ist niemand mehr da, und Sie können anfangen zu suchen.

Machen Sie sich ein Bild von der versteckten Person. Wenn Sie ihr Gesicht nicht visualisieren können – das ist oft erstaunlich schwierig –, versuchen Sie sich sozusagen von hinten an sie anzuschleichen. Stellen Sie sich ihren Rücken vor, ihren Gang, ihre übliche Haltung. Wenn Sie irgend etwas von ihr in der Hand haben, ihren Pullover zum Beispiel – umso besser. Benutzen Sie ihn als eine »Probe« von ihr. »Nach *dieser* Person suche ich.«

Fragen Sie das Pendel nach der Richtung, die die gesuchte Person zuerst eingeschlagen hat, nicht danach, wo sie sich jetzt befindet. Vielleicht befindet sie sich jetzt an einer ganz anderen Stelle. Finden Sie zuerst heraus, welchen Weg sie genommen hat. Denken Sie daran, daß Sie nicht nur ihre Route suchen, sondern auch herausfinden wollen, wo sie sich jetzt befindet.

Folgen Sie diesem Pfad. Befragen Sie an jeder Gabelung das Pendel. Achten Sie jedoch gleichzeitig auf irgendwelche wichtigen Hinweise, wie zum Beispiel auf Fußspuren. Das Pendel (Sie selbst sind das Pendel!) wird diese Spuren ebenfalls sehen, aber es hilft auf jeden Fall, wenn Sie sie auch mit eigenen Augen sehen.

Achten Sie darauf, ob das Pendel in beide Richtungen schwingt. Vielleicht hat die Person ja *beide* Richtungen eingeschlagen, beim ersten Mal nach links und dann nach rechts, nur um Sie zu verwirren und auf die falsche Fährte zu bringen. Wenn das der Fall ist, sagen Sie dem Pendel, es soll den Spuren der Reihe nach folgen.

Denken Sie immer daran, daß Sie nach einer bestimmten Person suchen. Lassen Sie sich nicht dadurch ablenken, daß es ein schöner Tag ist oder daß es unterwegs einige interessante Dinge zu entdecken gibt. Sie suchen nach dem Weg, den jemand gegangen ist, nach sonst nichts. Versuchen Sie es, ohne zu lange herumzuprobieren. Wenn Sie sie diesmal nicht finden, so haben Sie wenigstens geübt. In einer halben Stunde treffen Sie sich ja ohnehin, dann können Sie es nochmal versuchen.

Es ist ein interessantes Spiel mit praktischen Anwendungsmöglichkeiten. Ich kenne einige Mantiker, die sich auf vermißte Personen spezialisiert haben. Falls Sie etwas Ähnliches vorhaben, sollten Sie jedoch auf die Ethik des Spieles achten: Einige sogenannte »vermißte Personen« möchten überhaupt nicht gefunden werden. Es ist ihr gutes Recht, allein und ungestört zu bleiben.

»Bitte das Spiel zu machen!«

Eines brauchen wir alle: Geld. »Was«, sagen Sie, »das Pendel kann Fragen beantworten?« Also: »Welches Pferd wird am Sonnabend auf der Rennbahn gewinnen? Hier ist die Liste der Teilnehmer...«

Tut mir leid, so einfach ist es leider nicht. Wenn Sie dieses Spiel allzu ernst nehmen, werden Sie mit den Paradoxen des Hellsehens in Konflikt geraten. Bestenfalls werden Sie nämlich über die Zukunft auch nicht mehr herausfinden als das, was Sie ohnehin sehen könnten, wenn Sie beispielsweise die Rennergebnisse der vergangenen Monate auf konventionelle Weise studieren würden. Außerdem scheint der Joker besonders Spaß daran zu haben, Leute, die meinen, daß sie die Regeln des Zufalls aus persönlichem Gewinnstreben beugen und dem Schicksal in die Karten sehen können, an der Nase herumzuführen –

und zwar gewaltig. Aber »Bitte das Spiel zu machen!« ist ein sehr nützliches Spiel, weil es ein gutes Beispiel dafür ist, wie man das Pendeln in einem überzeitlichen Rahmen üben kann. Spielen Sie es also, aber mit der Betonung auf *Spiel*.

Kaufen Sie sich die neueste Zeitung und schlagen Sie die Sportseite auf. Suchen Sie die Seite mit den Pferderennen. (Wenn es in Ihrer Stadt keine Rennbahn gibt, können Sie natürlich auch die Fußballergebnisse vom Wochenende nehmen.) Sehen Sie sich die Liste der Teilnehmer an. Vielleicht schneiden Sie sie aus oder schreiben sie auf ein Stück Papier, nur um Ihre Aufmerksamkeit besonders auf die Liste zu konzentrieren. Es ist immer leichter, sich etwas zu merken, wenn man es aufschreibt: *dieses* Rennen, *diese* Pferde, *diese* Jockeys.

Läuft das Pferd heute? Wird es die erste oder die letzte Startposition haben? (Darüber können Sie nebenbei auch eine Prognose mit Ihrem Pendel abgeben.) Achten Sie darauf, daß Sie die Position des Pferdes im Rennen, seine Startposition und seine Rennnummer nicht durcheinanderbringen. Und denken Sie daran, daß Sie herausfinden wollen, welche Position das Pferd an der Ziellinie hat und nicht an irgendeiner anderen Linie auf der Rennbahn.

Stellen Sie die Frage klar und eindeutig in Gedanken, ohne versteckte Unklarheiten. Gehen Sie die ganze Liste durch. Stellen Sie dieselben Fragen für jedes Pferd auf der Liste. Unmittelbar vor dem Rennen machen Sie die ganze Prozedur noch einmal. Für jedes Pferd und für jeden Jokkey. Richten Sie Ihre Aufmerksamkeit auf den Pendelvorgang: *dieses* Pferd, *dieses* Rennen. Achten Sie auf den Unterschied. Es kann durchaus beim zweiten Mal andere Ergebnisse geben, vielleicht hat man eines der Pferde vor dem Start aus dem Rennen gezogen. Vielleicht gibt es aber auch gar keine Änderung. Was auch immer der Fall ist, notieren Sie es.

Tun Sie dasselbe noch einmal *nach* dem Rennen. Jetzt suchen Sie nicht nach einer Vorhersage, sondern nach der Information, was während des Rennens passiert ist. Sie schauen in die Vergangenheit, nicht in die Zukunft. Das Rennen ist gelaufen, Sie wollen die Ergebnisse wissen. Achten Sie darauf, ob eines der Pferde ausgefallen ist, oder ob es ohne Reiter ins Ziel gelaufen ist. Das kommt durchaus vor. Vergleichen Sie Ihre Ergebnisse mit den Resultaten, die später veröffentlicht werden. Danach können Sie mich getrost verfluchen, weil ich Ihnen geraten habe, das Ganze nur als Spiel zu betrachten und kein Geld einzusetzen, und Sie trotzdem alles richtig vorhergesagt haben.

Nächstes Mal werden Sie also Ihre Wette abgeben. Sie hatten ja das letzte Mal richtig gewettet, also muß es auch diesmal klappen. Natürlich. Es ist ja ganz klar, es *muß* einfach funktionieren. Aber das tut es nicht. Wundern Sie sich nicht, wenn keine einzige Ihrer Vorhersagen eintrifft. Sie verlieren wahrscheinlich jede Wette, die Sie abschließen. Dann verstehen Sie vielleicht, was ich Ihnen zu sagen versucht habe, als ich über den unberechenbaren Joker sprach. Sagen Sie nicht, ich hätte Sie nicht gewarnt!

Wasser, Wasser, überall Wasser

Leute, die mit einem Pendel oder einer Wünschelrute bewaffnet umherlaufen, gelten im allgemeinen als Wassersucher. Einige von ihnen sind bereits recht betagt, andere tragen lange Bärte. Die Haselnußrute oder die Kupferforke in ihren Händen wird, wenn sie über eine unterirdische Wasserader laufen, plötzlich lebendig. Ein schönes Klischee, das leider nicht ganz der Wahrheit entspricht, denn alles, was Sie mit einem Pendel tun, ist, die Kunst der Mantik zu erlernen. Dazu brauchen Sie noch nicht einmal eine Wünschelrute aus Haselnußholz.

Vielleicht ist es jedoch ganz angebracht, wenn Sie etwas über die Mantik als Wassersuche wissen, für den Fall, daß Sie einmal darauf angesprochen werden. Schließlich wollen Sie den Leuten ja nicht ihre Illusionen nehmen, oder? In der Tat ist die Wassersuche noch immer ein wichtiger Teil der Mantik, und sie wird es auch bleiben, denn wir werden immer mehr Wasser brauchen. Trotzdem werden die schrecklichen Fernsehprofessoren in ihren pseudowissenschaftlichen Sendungen darauf bestehen, daß die Mantik nichts weiter als eine historische Verirrung ist, die heutzutage vollständig von der Wissenschaft widerlegt und durch die Geologie ersetzt worden ist. Aus der Perspektive des Fernsehprofessors ist das auch nicht ganz falsch, die Geologie hat tatsächlich im Verlauf der letzten Jahrhunderte einige Entwicklungen durchgemacht. Die Geologen wissen zwar eine Menge auf einigen Gebieten, aber erstaunlich wenig auf anderen. Auf jeden Fall taugt die Geologie in Gegenden, in denen die unterirdische Schichtenstruktur völlig durcheinandergeraten ist, wie etwa in Somerset in England und in dem Erdbebengebiet Kaliforniens, als Werkzeug zur Wassersuche herzlich wenig.

Die Geologie beschäftigt sich mit Landschaftsformationen, Gesteinsbildungen, Bodenverhältnissen und erdgeschichtlichen Abläufen. Das ist sehr schön, wenn man etwas über die allgemeine Gestalt einer Gegend erfahren will, aber nicht sehr hilfreich, wenn man genau wissen will, was sich wo befindet. Wenn man das will, dann muß man entweder ein Loch graben und hoffen, daß man die richtige Stelle gefunden hat, oder man ruft gleich einen erfahrenen Mantiker an. Mantik ist eine Form der Wahrnehmung. Sie dient dazu, *Veränderungen* aufzuspüren. Sie ist weniger geeignet, Allgemeines und Kontinuierliches festzustellen, aber ausgezeichnet für Details.

Wenn Sie jedoch nach Wasser suchen, genau hier, auf

diesem Bauernhof, dann möchten Sie Details. Dann geben Sie sich nicht damit zufrieden zu wissen, daß »irgendwo in dieser Gegend Wasser zu finden sein müßte«, sondern Sie wollen es genau wissen. Ja oder nein und wo genau.

Die Wassersuche ist nichts, was man auf die leichte Schulter nehmen kann. Erschreckend viel Geld und in manchen Fällen sogar Menschenleben können davon abhängen, ob Sie Ihre Arbeit gut machen. In allen Ländern der Erde gibt es professionelle Wassersucher. Viele von ihnen arbeiten auf der Basis »Kein Wasser – kein Geld«, was angesichts der gigantischen Kosten einer Probebohrung, die teilweise ein paar hundert Meter tief in die Erde gehen und dort einen genauen Punkt treffen muß, keine Kleinigkeit ist. Sie können sich also keinen Fehler leisten. Und sie werden es schaffen. Wie bei jeder speziellen Tätigkeit gibt es hier eine Menge zu lernen, aber auch vieles, was danebengehen kann, und meistens handelt es sich dabei keineswegs um Kleinigkeiten.

Diese Art der Wassersuche übersteigt den Rahmen dieses Buches. Wenn Sie dennoch mehr über dieses Thema erfahren wollen, ist das alte Verhältnis von Meister und Lehrling sicherlich am besten geeignet. Sie sollten sich mit einem erfahrenen Wünschelrutengänger oder Pendelmantiker in Verbindung setzen und direkt von ihm lernen. Es gibt allerdings eine Vielzahl von weniger riskanten Variationen des Themas, mit denen man sich in Haus und Garten nützlich machen kann und für die wir bereits über das richtige Handwerkszeug verfügen. Beispielsweise können wir den Verlauf von Kabeln, Wasserleitungen und Abflußrohren ermitteln.

Röhren und Kabel

Sie könnten einwenden, daß wir bereits über verschiedene Technologien verfügen, die zum Aufspüren von Kabeln und Metallröhren viel besser geeignet sind als zum Beispiel Metallsuchgeräte. Das ist richtig, aber haben Sie schon einmal mit einem Metallsuchgerät gearbeitet? Es funktioniert wunderbar, jedoch nur wenn man nicht tiefer als ein paar Zentimeter sucht und wenn das, was man sucht, sich deutlich von der Umgebung abhebt. Wahrscheinlich wissen Sie, daß die Gräben zumeist ziemlich tief ausgehoben sind, um zu verhindern, daß sie vom Frost angegriffen werden oder daß ein spielendes Kind oder wer auch immer sich mit einem Spaten daran zu schaffen macht. Wenn Sie also eines der modernen Ultraschall-Metallsuchgeräte (eigentlich müßte man sagen: »Diskontinuitäts-Suchgeräte«) einsetzen wollen, um ein Plastikrohr achzig Zentimeter unter der Erde zwischen dem üblichen Bauschutt zu finden, dann erfordert die Unterscheidung von Hintergrundgeräusch und Signal eine Aufmerksamkeit und ein Unterscheidungsvermögen, das sich von dem, was Sie zur Handhabung eines Pendels zum selben Zweck brauchen, in keiner Weise unterscheidet. Dabei ist das Pendel weitaus weniger kostspielig.

Es gibt aber einige Kompromisse. Ihr Pendel ist immer gleich zuverlässig – oder unzuverlässig – unabhängig von der Tiefe, in der Sie suchen. Die Zuverlässigkeit hängt einzig und allein von Ihnen, von Ihrer Geschicklichkeit ab. Die Zuverlässigkeit physikalischer Hilfsmittel wie dem Metalldetektor unterliegt physikalischen Gesetzmäßigkeiten. Die Signalstärke nimmt mit zunehmender Distanz ab, was bedeutet, daß ein Metalldetektor sehr wohl bei kleinen Distanzen zuverlässiger sein kann als ein Pendel. Dann gibt es noch den Aspekt der Sicherheit. Wenn Sie in einer Wand nach einer stromführenden Leitung suchen, sollten

Sie auf jeden Fall einen Metalldetektor verwenden, denn das Risiko, daß Sie beim Bohren einen elektrischen Schlag bekommen, ist dieses unbedeutende praktische Experiment sicherlich nicht wert. Andererseits brauchen Sie nicht gleich den ganzen Garten umzugraben, wenn Sie nach einer undichten Abwasserleitung suchen. Sie können es genausogut erst einmal mit dem Pendel versuchen. Wenn Sie diese Leitung mit dem Pendel nicht finden, können Sie immer noch auf die alte Holzhammermethode zurückgreifen. Es wird Sie nicht mehr kosten als ein wenig Zeit und eine nützliche Erfahrung.

Nehmen wir also einmal an, Sie suchen nach einer Wasserleitung, von der Sie annehmen, sie habe eine undichte Stelle. Im Prinzip ist es dasselbe, als würden Sie nach einem Abfluß oder einem Kabel suchen, aber wir gehen einmal von einer Wasserleitung aus.

Sie wollen das Leck beseitigen. Als erstes finden Sie die Leitung. Natürlich ist es hilfreich, wenn Sie wissen, wo Sie anfangen können, zum Beispiel an der Stelle, an der die Leitung in das Haus eintritt. Wenn Sie diese Stelle kennen, dann sollten Sie im Keller die Leitung deutlich als die gesuchte kennzeichnen. Binden Sie ein Taschentuch daran: *diese* Leitung suche ich.

Sie können natürlich auch den Bauplan des Hauses, die Zeichnung eines Architekten zum Beispiel, zu Hilfe nehmen. Passen Sie jedoch auf, denn der Plan sagt Ihnen zwar, wo die Leitungen liegen sollten, aber das heißt noch lange nicht, daß sie dort auch zu finden sind. Sie können in der Zwischenzeit umgebaut oder gleich beim Bau des Hauses anders verlegt worden sein.

Wenn Sie nicht wissen, wo die Leitung anfängt, machen Sie sich in Gedanken ein Bild von ihr. Wenn Sie etwas Passendes als Probe für die Leitung haben, nehmen Sie es zu Hilfe. Sie können sogar eine Probe des Wassers aus dem Wasserhahn zu Hilfe nehmen. Vieles ist möglich, Sie müssen es nur tun. Nehmen Sie Ihre Probe und Ihr Pendel und gehen Sie im Haus umher. Sie erwarten eine Ja-Antwort, wenn Sie über die Leitung laufen. Die Spitze des ausschreitenden Fußes markiert das »Hier«. Achten Sie auf »Idiot«- und besonders auf Nein-Antworten, denn sie könnten andere Kabel oder Wasserleitungen markieren. Das hilft Ihnen zwar im Moment nicht viel weiter, aber vielleicht ist es später einmal von Nutzen.

Wenn Sie eine Ja-Antwort erhalten, hören Sie nicht auf, sondern gehen Sie weiter. Dann drehen Sie sich um und kommen zurück. Sehen Sie, ob Sie die gleiche Reaktion an derselben Stelle noch einmal bekommen. Wundern Sie sich nicht, wenn es nicht gelingt. Anfänger schießen oft übers Ziel hinaus. Sie sollten darauf achten, daß Sie sich in einer Weise über die Stelle bewegen, als wären Sie noch niemals in Ihrem Leben dort gewesen. Achten Sie auch auf den beliebten Fehlschluß: »Ich habe das letzte Mal hier eine Reaktion bekommen, also müßte es eigentlich diesmal auch wieder klappen.« Der Sinn, noch einmal über die Stelle zu gehen, besteht darin, die Probe zu machen und nicht zu bestätigen, was Sie ohnehin schon wissen.

Vergewissern Sie sich, daß Sie wissen, wonach Sie suchen. Es ist *diese* Wasserleitung. »Ist das die Leitung, nach der ich suche? Diese hier?«

Wenn Sie die Wasserleitung gefunden haben, können Sie sie nach einer undichten Stelle absuchen.

Die undichte Stelle finden

Sie sollten mittlerweile selbst wissen, wie Sie hierbei vorgehen können, denn im vorhergehenden Kapitel haben wir das als Beispiel benutzt.

Wir haben wieder einmal die Spielregeln verändert. Jetzt

suchen wir nicht nur nach der Richtung, sondern auch nach einer Unterbrechung des Rohres, nach einem Wechsel, nach etwas anderem.

Sie können sich von hier aus natürlich in zwei verschiedene Richtungen bewegen: stromaufwärts in Fließrichtung (falls vorhanden) oder stromabwärts. Sie sollten also anfangen, indem Sie das Pendel nutzen, um zu entscheiden, in welche Richtung Sie gehen wollen. Bringen Sie das Pendel in eine neutrale Schwingung und bitten Sie es, Ihnen die Richtung zu zeigen, in die Sie sich bewegen sollen. Achten Sie auf das vordere Ende der Pendelbewegung. Es sollte sich nach rechts oder links bewegen und dabei immer noch vorwärts und rückwärts schwingen in einer neutralen, aber auf eine Richtung weisenden Bewegung. (Wenn Sie sich nicht sicher sind, welche Methoden Sie hier anwenden können, sollten Sie noch einmal im vorangegangenen Kapitel nachlesen.)

Legen Sie dann die Regeln fest: Das Pendel sollte nicht nur die Richtung zeigen, sondern auch eine Ja-Antwort geben, wenn Sie sich über eine undichte Stelle bewegen. Stellen Sie eine Nebenregel auf, nach der ein Nein »etwas anderes Interessantes, aber keine undichte Stelle«, also etwa eine Biegung oder etwas Ähnliches, bedeutet. Behalten Sie sich die »Idiot«-Antwort für den Fall vor, daß Sie völlig auf dem Holzweg sind, etwa, wenn Sie die falsche Leitung absuchen.

Folgen Sie der Linie, die das Pendel Ihnen als Richtung angibt. Denken Sie dabei immer daran, daß Sie nur dieser Leitung folgen, und daß das Pendel Ihnen auch weiterhin die Richtung anzeigt, die Sie einschlagen müssen, um ihr dann zu folgen. Denken Sie auch daran, daß Sie nach einer undichten Stelle suchen, einer Unterbrechung in der Leitung, nach einem Leck. Es ist durchaus möglich, daß Sie merken, wie Sie im Zickzack laufen und dabei jedesmal, wenn Sie das Rohr überqueren, ein Stück zu weit gehen.

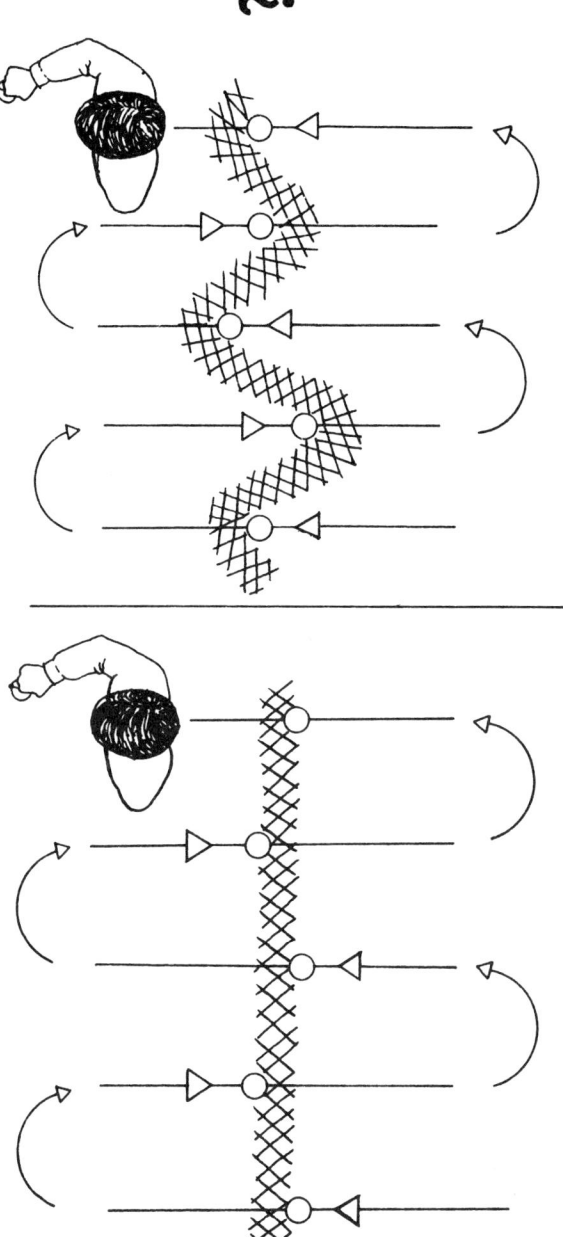

Im Zickzack über das Rohr gehen

Denken Sie daran, sich bei all dem nicht zu sehr anzustrengen.

Und jetzt: eine Ja-Antwort. Markieren Sie die Stelle. Verwenden Sie dafür einen Zweig oder ein Stück Rinde, oder bohren Sie mit dem Absatz ein kleines Loch in den Boden oder tun Sie sonst etwas in der Art. Halten Sie jetzt nicht an, sondern bewegen Sie sich weiterhin an der Leitung entlang. Vielleicht gibt es mehr als nur eine undichte Stelle. Ich habe schon viele Rohre gesehen, die eher einem Sieb glichen, als ich sie schließlich aus der Erde herausgeholt hatte.

Sie haben nach der Bruchstelle gesucht. Jetzt, da Sie sie offenbar gefunden haben, können Sie sich nicht mehr länger davor drücken: Sie müssen anfangen zu graben.

Wie tief, wieviel?

Das einzige, was Sie im Falle einer undichten Wasserleitung tun müssen, ist graben. (Nun gut, Sie müssen auch noch das Rohr reparieren, aber das hat wohl wenig mit dem Pendel zu tun, oder?) Wenn Ihnen die richtige Stelle entgangen ist, dann können Sie sich damit trösten, daß Sie ohne Pendel ebenfalls einen Graben über den Rasen hätten ziehen müssen. Das Pendel kann Ihnen ein wenig Zeit sparen, aber das ist nicht das Wesentliche. Hauptsächlich geht es hier darum, daß es eine gute Übung ist, anhand einer Sache, bei der es zwar nützlich, aber nicht unbedingt lebensnotwendig ist, die richtigen Ergebnisse zu erzielen.

Bevor Sie mit Ihrem Spaten losziehen, sollten Sie unbedingt sicherstellen, daß die Tiefe, die Sie ermittelt haben, in einem vernünftigen Rahmen liegt. Die Methoden dazu haben wir bereits im vorangegangenen Kapitel vorgestellt. Sie können den »Rösselsprung« verwenden, die Umdrehungen des Pendels zählen oder eine Folge von Fragen stellen: »Ist es *so* tief?« Wenn Sie eine Tiefe von hundert Metern oder mehr herausbekommen, brauchen Sie mit Sicherheit mehr Übung. Ob Sie lediglich mehr Übung in der Ermittlung der Tiefe oder mehr Übung im Pendeln allgemein brauchen, ist eine andere Frage.

Zusammenhänge

In Fällen, wenn das, wonach Sie suchen, sich viele Meter unter der Erdoberfläche befindet, kommt es wirklich auf die Tiefe an. Ich habe keine Ahnung, wie es möglich ist, bis in so gewaltige Tiefen zu »sehen«, ich mache mir jedoch auch nicht viel daraus. Ich weiß lediglich, daß es mit einiger Übung und Erfahrung möglich ist – vorausgesetzt, Sie halten es nicht von vornherein für ausgeschlossen. Es handelt sich hier um eine Technik, eine angewandte Kunst, keine Wissenschaft. Wir wissen nicht, wie es funktioniert, sondern nur, wie es möglich gemacht wird.

In diesem Stadium sollten Sie nicht einmal versuchen, etwas so Fortgeschrittenes wie die Wassersuche in großer Tiefe zu unternehmen. Es kann jedoch nicht schaden zu beschreiben, was dazu nötig ist.

Eine Probebohrung in große Tiefen ist sehr kostspielig. Ein Fehler kann Sie teuer zu stehen kommen. Außerdem sollten Sie sich nicht mit irgendeiner beliebigen Quelle zufriedengeben, sondern immer nur mit der besten. In der Praxis wird das auf einen Kompromiß zwischen der ergiebigsten, der verläßlichsten und der am leichtesten und kostensparendsten zu erreichenden Quelle herauskommen.

Eine Quelle ist nutzlos, wenn sie keine zuverlässige Wasserversorgung garantieren kann – viel Wasser, ohne Unterbrechung das ganze Jahr über, jahrein, jahraus. Außerdem darf es nicht mehr kosten, den Brunnen zu bohren, als wenn man sich an das öffentliche Leitungsnetz anschließen läßt. Dies sind ökonomische Erwägungen, die jedoch alle Teil der Praxis des Wasserfindens sind.

Natürlich gibt es eine ganze Reihe von Fragen in diesem Prozeß, die mit Hilfe des Pendels beantwortet werden können.

Wo

Gibt es hier überhaupt Wasser? Wo ist das Wasser? Wie weit vom Haus oder vom Garten entfernt? Wo *genau* ist die Stelle, an der ich die Bohrung ansetzen sollte? (Die Wasserquelle kann sich durchaus über ein größeres Gebiet oder entlang einer Linie erstrecken, aber wo ist die *beste* Stelle?) Wie weit in die Tiefe sollen wir bohren?

Was?

Ist das Wasser trinkbar? (Hierzu sollten Sie einen Test durchführen lassen oder selbst mit Hilfe der Mager-Scheibe machen.) Wieviel Wasser steht zur Verfügung? Wieviel können wir mit Sicherheit entnehmen?

Wann?

Wieviel Wasser steht im Augenblick zur Verfügung? Wieviel war es während der vorjährigen Trockenperiode? Wieviel ist es in einem durchschnittlichen Jahr? Wieviel in einem schlechten Jahr? Wieviel werden wir voraussichtlich (tatsächlich) im kommenden Dezember entnehmen können?

Fragen über Fragen. Jede einzelne Frage völlig unzweideutig gestellt. Klar. Präzise.

Stellen Sie eine verschwommene Frage, und Sie werden eine verschwommene Antwort erhalten. Stellen Sie eine klare Frage, und Sie werden eine klare Antwort erhalten. Selbst wenn die Antwort Ihnen nicht immer gefallen sollte.

Denken Sie daran, daß ein Wassersucher eine Art Techniker ist, von dem man Resultate erwartet. Oder sagen Sie sich gleich von Anfang an, daß es ohnehin keine nützlichen Resultate geben kann. Natürlich gibt es eine Menge schöner Dinge – in einer Welt des Scheins. Dinge, die immer genau am rechten Ort zur rechten Zeit geschehen. Leider nur nicht hier in der brütenden Hitze der Wüste oder in der Siedlung am Rande der Großstadt. Die Realität, die objektive Welt, in der wir und der Rest der Welt leben, deckt sich leider nicht immer (oder selten) mit der Welt, wie wir sie uns gern vorstellen. Aber so ist das Leben.

Das Spiel mit dem Essen

Ebenso leicht können wir uns eine Welt vorstellen, in der alles schiefgeht. Seltsamerweise ist die Welt oft nur allzu leicht bereit, uns in dieser Vorstellung nach Kräften zu unterstützen. Das ist ebenfalls ein Bereich, in dem ich mit vielen, die sich mit dem Pendel beschäftigen, überhaupt nicht übereinstimme. Man kann sich selbst die Sache unnötig erschweren, indem man die Antwort des Pendels zu wörtlich und die Spiele zu ernst nimmt. Das beste (oder vielmehr das schlimmste) Beispiel dafür ist das Spiel mit Nahrungsmitteln.

Das Pendel kann ein sehr nützliches Werkzeug sein, um ein intuitives Verständnis dafür zu entwickeln, wie verschiedene Dinge, die wir essen und trinken, uns beeinflussen können. Es ist jedoch traurig zu beobachten, wie auch in diesem Fall das Werkzeug eine Eigendynamik bekommen kann, wenn Menschen vom Gebrauch des Pendels wie besessen sind und erwarten, daß es ihnen das Denken abnimmt. Ich kann mich an eine ältere Dame erinnern, die ich gelegentlich im Café beobachten konnte, wie sie eine Tasse Kaffee bestellte und dann ihr Kristallpendel aus der Handtasche holte, um zu sehen, ob der Kaffee für sie trinkbar war oder nicht. Wenn sie es wenigstens getan hätte, *bevor* sie den Kaffee bestellte, dann hätte ich es vielleicht akzeptieren können. Das Pendel hatte sich nicht von sich aus bei ihr gemeldet, also hatte sie die Frage gar nicht erst gestellt. Das Pendel hatte immer das letzte Wort. Es nahm ihr sämtliche Entscheidungen aus der Hand. Schließlich unterstand ihr Pendel ja der göttlichen Führung und wußte letztendlich so viel mehr als sie selbst...

Das ist völlig überdreht, kommt aber leider, leider sehr häufig vor. Wir sollten uns die Grundlagen des Pendelns noch einmal vor Augen halten. Das Pendel ist keineswegs etwas von Ihnen Getrenntes, sondern ein Teil von Ihnen. Sie sagen ihm, was es tun soll, und es antwortet Ihnen entsprechend. Es zeigt Ihnen genau das, was Sie ihm geben. Sie wissen also bereits all die Antworten. Es ist bloß am Anfang nicht so leicht, sie zu erkennen. Das Pendel ist also ein Werkzeug, das Ihnen sagt, was Sie bereits wissen. Und da Sie es ja bereits wissen, bräuchten Sie das Pendel auch überhaupt nicht.

Das Pendel ist kein Ersatz fürs Denken. Es ist ein Werkzeug, eine Krücke, die Ihnen dabei hilft, wissen zu lernen. Nicht mehr und nicht weniger. Sicherlich ein nützliches Werkzeug. Nutzen wir es und lassen wir uns nicht von ihm benutzen.

Kaffeepause

Ich habe mich zwar über das Verhalten jener alten Dame mokiert, möchte Ihnen aber nun vorschlagen, einmal genau dasselbe zu tun, selbst wenn es Ihnen etwas töricht vorkommt. Es gibt jedoch einen wichtigen Unterschied. Sie tun es als Übung, während es bei ihr ein Teil ihrer Lebenshaltung war.

Trinken wir also eine Tasse Kaffee, wie die alte Dame. Es ist wahrscheinlich ohnehin Zeit, einmal Pause zu machen.

Kaffeepause. Für Berufe wie zum Beispiel den des Computerprogrammierers ist Kaffeetrinken so eine Art Berufskrankheit. Jedesmal wenn ich mit einem Programm, das ich geschrieben habe, nicht zufrieden bin, oder wenn ich bei der Entzifferung eines komplizierten Codes nicht mehr weiterkomme, mache ich für mich und meine Kollegen frischen Kaffee. Und da diese dasselbe tun, konsumieren wir im Laufe des Tages das Zeug literweise. In solchen Mengen genossen, ist es unserer Gesundheit mit Sicherheit nicht gerade zuträglich. Wir wollen das Pendel benutzen, um das herauszufinden. Natürlich nur als Übung.

Es ist also wieder einmal Zeit für eine Tasse Kaffee. Ich gehe davon aus, daß Sie auch gern eine Tasse mittrinken würden. Und daß Sie das Pendel benutzen wollen, um herauszufinden, ob Sie den Kaffee mit Milch, mit Milch und Zucker, nur mit Zucker oder schwarz trinken wollen. – »Schwarz oder weiß?« Die Antwort darauf wird natürlich »Idiot« sein. Es ist eine zweideutige Frage, und Ja oder Nein ergäbe keinen Sinn. Sie sollten also die Frage zurücknehmen und noch einmal neu formulieren: »Soll ich diese Tasse Kaffee mit Milch nehmen?«

In meinem Fall ist die Antwort oft Nein, weil ich dazu neige, zuviel Milch zu nehmen. Nehmen wir aber einmal an, die Antwort sei Ja.

Bitten Sie das Pendel, ihnen zu sagen, wann es genug ist. Gießen Sie die Milch ganz langsam in den Kaffee, bis das Pendel »Nein« sagt. Wenn der Tasseninhalt dann schon übergelaufen ist, haben Sie offensichtlich noch einiges an Übung vor sich.

Die nächste Frage dreht sich darum, wieviel Zucker Sie nehmen sollen, oder Süßstoff, wenn Sie müssen. Verwenden Sie eine der Zählmethoden und achten Sie darauf, auch nach einer Null zu fragen. Sie können natürlich auch wie bei der Milch einfach einen Löffel nach dem anderen in den Kaffee geben, bis das Pendel »Stop« sagt.

Jetzt kommt die Probe aufs Exempel: Sie müssen das Ergebnis trinken. Falls es Ihnen den Magen umdreht, denken Sie daran, daß das Pendel Ihnen die Antworten gegeben hat, nach denen Sie verlangt haben. Es hat nur gesagt, was Sie ihm gesagt haben. Vielleicht wollte es Ihnen auf diese Weise mitteilen, daß Sie heute schon genug Kaffee getrunken haben, aber diese Frage haben Sie natürlich gar nicht erst gestellt!

Die Speisekarte

Ein weiteres Beispiel ist das Studieren einer Speisekarte im Restaurant. Sie gebrauchen das Pendel, um herauszufinden, was Sie essen werden. Bei diesem Spiel können Sie die Früchte Ihrer Pendelkünste buchstäblich essen.

Eine Speisekarte ist eine Liste von Wahlmöglichkeiten. Sie wissen bereits, wie Sie das Pendel in Verbindung mit einer Liste einsetzen können. Zeigen Sie nacheinander auf jede Eintragung auf der Liste und sehen Sie, für welche Sie ein Ja bekommen. Reduzieren Sie die Liste. »Entspricht dieses Gericht meinem derzeitigen Appetit?«

Wenn Sie die Liste nicht auf ein einzelnes Gericht reduzieren können, fangen Sie noch einmal von vorn an. Achten Sie besonders auf Variationen in der Intensität einer Ja-Antwort (und auch einer Nein-Antwort), die Sie in der Bewegung des Pendels erkennen können. Auf einige Eintragungen auf der Speisekarte wird Ihr Pendel mit »gar nicht so schlecht« oder »könnte gut sein« antworten. Sehen Sie, ob Sie ein definitives Ja für irgendein Gericht erhalten. Wenn Sie für gar nichts ein Ja bekommen, ist es vielleicht angebracht, das Restaurant zu verlassen und ein anderes aufzusuchen.

Vergessen Sie jedoch nicht, daß es sich hierbei um eine Übung handelt. Außerdem ist es wohl besser, das Ganze nicht allzu offensichtlich zu machen, ansonsten könnten Sie es endgültig mit dem Inhaber des Restaurants verderben. Das ist vielleicht auch der Grund, weshalb Ihnen das Pendel die ganze Zeit über ständig die »Idiot«-Antwort gegeben hat. Anders gesagt: Es ist ein Spiel. Lassen Sie es dabei.

Es gibt jedoch Anlässe, bei denen das Spiel eine sehr praktische Komponente bekommt. Exotische Restaurants setzen oft voraus, daß man weiß, welches Gericht sich hinter den aufgeführten unaussprechlichen Namen verbirgt. Oft kann nicht einmal die hinzugefügte Erläuterung erhellen, was man zu erwarten hat. Da werden Sie konfrontiert mit »Rojan Ghosh« oder »Bhindi Bhajee« oder etwas, das übersetzt so etwas wie »Blumen des Himmels« heißt, und haben keinerlei Anhaltspunkte, worum es sich dabei handeln könnte. Was sollen Sie also bestellen?

In einer solchen Situation kann das Pendel sehr nützlich sein, oder zumindest interessant. In einem Fall, in dem Sie keine Ahnung haben, worin die richtige Entscheidung besteht, sind Sie normalerweise auf Vermutungen angewiesen. Also können sie ebensogut eine inspirierte Vermutung anstellen und das Pendel benutzen, um Ihrer Inspiration auf die Sprünge zu helfen. Wenn Sie dann trotzdem rohen Tintenfisch oder etwas, das einer gegrillten Schuhsohle ähnelt, vorgesetzt bekommen, nun ja, dann sollte es vielleicht so sein und Sie mußten herausfinden, wie so etwas schmeckt, wenn auch nur, um sicher zu sein, dasselbe nicht noch einmal zu bestellen.

Gewichtskontrolle

Falls Sie ein Mensch sind, der auf sein Gewicht zu achten hat, kann das Schwingen eines Pendels im Restaurant für Sie einen enorm praktischen Wert haben. Da Sie keine

Ahnung haben, wie viele Kalorien in dem Gericht, das Sie bestellen, sein werden, nützt Ihnen auch Ihre Kalorientabelle nichts, wenn Sie zum Essen in ein Restaurant gehen.

Statt dessen können Sie das Pendel einsetzen. »Ist dies das Gericht mit den wenigsten Kalorien?« – oder etwas Ähnliches. Oder Sie verwenden eine der Zähltechniken: »Wie viele Kalorien hat dieses Gericht?«

Natürlich wissen Sie, daß die Salate auf der Karte gewöhnlich die wenigsten Kalorien haben. Wenn Sie also nicht *schon wieder* Salat essen wollen, sollten Sie eine andere Frage versuchen, etwa: »Hat dieses Gericht die wenigsten Kalorien, ausgenommen den Salat?« Sie können also bestimmte Gegenstände auswählen. Um es noch einmal mit der Analogie der Radiowellen zu erklären, definieren Sie, was als Signal und was als Rauschen interpretiert werden soll. Sie können also von vornherein bestimmen, daß etwas – in diesem Fall der Salat – als »Rauschen« ignoriert werden kann.

Das Schwierigste beim Abnehmen ist die Disziplin. Immer wieder der Versuchung zu widerstehen. Vielleicht müssen Sie das aber überhaupt nicht. Sie könnten sich zum Beispiel selbst eine Grenze setzen, indem Sie das Pendel bei allem benutzen, was Sie essen. Das Pendel zeigt Ihnen, wenn Sie die Grenze erreicht haben und sich für den Rest des Tages mit verwelktem Salat begnügen müssen. Genauso wie in der Kaffeepause können Sie das Pendel benutzen, das Ihnen bedeutet, wann es Zeit ist, mit der Sahne aufzuhören.

Doch auch hier sollten Sie tunlichst darauf achten, daß der Gebrauch des Pendels nicht zu Ihrem Lebensinhalt wird. Es ist lediglich ein Werkzeug und nicht die Antwort. Wenn es um Abnehmen geht, ist es ein Werkzeug, um Ihre Disziplin zu stärken, aber es ersetzt keineswegs die Disziplin. Schließlich wollen Sie ja ihr eigenes Gewicht reduzieren und nicht das des Pendels. Wenn also das Pendel (das natürlich Sie selbst sind) meint, daß Sie am glücklichsten sind, wenn Sie sich durch einen ganzen Teller voller Sahnetorte hindurchessen – was durchaus sein kann –, dann wird es sicher nicht zögern, es Sie wissen zu lassen und Ihnen eine entsprechende Empfehlung auszusprechen. Das wird Ihnen jedoch nicht gerade bei der Gewichtskontrolle helfen.

Das Pendel ist auch hier kein Ersatz für Ihren eigenen Verstand und keinesfalls für Ihren Willen, jenen kleinen oder großen Gelüsten zu widerstehen. Das liegt ganz bei Ihnen. Das Leben ist eben manchmal hart und unerbittlich.

Reaktionen und Allergien

Es ist eine ebenso unerbittliche Realität, daß die Dinge, die wir am meisten mögen, oftmals diejenigen sind, gegen die wir allergisch sind, selbst wenn es sich nur um leichte Allergien handelt. (Bei mir sind es Milchprodukte, besonders Speiseeis und bestimmte Frischkäsesorten.) Vielleicht mögen wir sie sogar besonders gern, weil die Reaktion des Körpers uns irgendwie anregt. Ich bin mir da nicht sicher. Bei mir jedenfalls ist es so, daß ich, wenn ich zur Mittagszeit ein großes Eis esse, für den Rest des Nachmittags im Halbschlaf mit wunden Lippen und einem Völlegefühl herumlaufe – trotzdem liebe ich das Zeug. Wahrlich grausam!

Wir alle sind gegen irgend etwas allergisch. Normalerweise spielt das auch überhaupt keine Rolle. Meiner Meinung nach geraten viel zu viele Menschen gleich in Panik, wenn sie gegen irgendwas allergisch sind. Was soll's? Streng genommen könnten wir sogar sagen, daß wir alle gegen das Leben allergisch sind, denn am Ende werden wir alle daran sterben.

Nun gut, ich sollte nicht so zynisch sein. Oft spielt es

natürlich eine große Rolle. Aber kennen wir nicht alle diese Leute, die einen förmlich zum Wahnsinn treiben können? »Oh nein, das rühre ich besser gar nicht an. Ich glaube, ich war in einer vergangenen Inkarnation wohl selbst eine Kuh...« oder ähnlicher Quatsch. Ausgewachsene Kinder, die an ihrem Essen herummäkeln, um auf kindische Weise die Aufmerksamkeit ihrer Mitmenschen zu erheischen. Das wollen wir doch nicht unterstützen, oder?

Ich will jedoch nicht bestreiten, daß Allergien manchmal sogar ernstlich eine Rolle spielen können, zum Beispiel bei Menschen, die bestimmte Krankheiten wie Diabetes haben. Aber selbst wenn sie nicht so schwerwiegend sind, können sie sehr lästig sein. Ich kann zum Beispiel nicht richtig arbeiten, wenn ich durch eine der Käsesorten, die ich nicht vertrage, mit geschwollenen Augen herumlaufe. Besonders schwierig ist es, auf bestimmte Dinge in Restaurants zu achten, weil man nie genau weiß, welche Zutaten verwendet werden. Dasselbe gilt natürlich für alle Parties und andere festliche Gelegenheiten, bei denen man nicht genau weiß, was man da eigentlich ißt oder trinkt, besonders weil bestimmte Substanzen uns nur dann Schwierigkeiten bereiten, wenn sie in Kombination mit anderen spezifischen Dingen auftreten. Auch hier können wir das Pendel benutzen, um von vornherein festzustellen, wann die Wahrscheinlichkeit besteht, daß die Speisen etwas enthalten, das wir zwar mögen, das uns aber vielleicht nicht mag.

Es ist so ziemlich die gleiche Frage, die wir auch im Restaurant gestellt haben, aber mit etwas anderer Betonung: »Ist das gut für mich?« zum Beispiel. Vorsicht bei der doppelten Verneinung: »Ist das schlecht?« – die Antwort Nein kann einerseits negativ sein (»Es ist schlecht.«), aber andererseits die Frage verneinen (»Nein, es ist nicht schlecht.«) Auch hier spielt es keine Rolle, was die eigentliche »Ursache« des Problems ist. Das einzige, was Sie wissen müssen, ist, daß Sie sämtliche Probleme tunlichst vermeiden sollten. Es dreht sich also nicht darum, Pilze oder Glutamat zu meiden, sondern schlicht und einfach, Problemen aus dem Weg zu gehen. Aber irgend etwas muß man ja schließlich essen.

Man kann natürlich auch völlig anders an die Sache herangehen. Etwas, von dem Sie sicher sind, daß es Ihnen Probleme bereitet, kann unter anderen Umständen durchaus nützlich sein. Oft ist nicht die eigentliche Substanz das Problem, sondern die Dosis. Innerhalb eines gewissen Rahmens gibt es – selbst bei bekannten Giften – keine Probleme. In der Homöopathie glaubt man (wenn man so sagen darf) daran, daß geringe Mengen bestimmter, auch giftiger Substanzen, sogar eine letztlich heilende Wirkung haben. Sie können also das Pendel benutzen, um beim Kochen die verschiedenen Zutaten, Gewürze und sogar Garzeiten auszuwählen. Das Pendel vollbringt dabei seinen »Sag mir wann«-Trick auf ziemlich die gleiche Weise, wie wir das vorher mit der Sahne im Kaffee getan haben. Auch hier gilt natürlich, die Sache nicht allzu ernst zu nehmen.

Versuchen Sie es. Wenn Sie auch hin und wieder das Falsche herausbekommen, dann fühlen Sie wenigstens die Wirkung – vielleicht. Vielleicht aber auch nicht. Wie ich schon sagte, normalerweise spielt es keine Rolle. Dennoch ist es eine interessante Übung, das Pendel dazu zu bringen, daß es Ihnen sagt, was Sie essen sollten und was nicht – und wieviel. Auch hier machen Sie die Probe aufs Exempel am besten selbst – beim Essen.

Arzt, heile dich selbst!

Heilen ist ein emotionales Thema. Das ist keineswegs überraschend, denn die Wirkung des Heilens – oder ihr Ausbleiben – übt einen umfassenden Einfluß auf unser tägliches Leben aus. Dennoch gibt es kaum ein Thema in der Geschichte, über das soviel Unsinn gesagt und geschrieben wurde, wie über die Heilkunst und die Medizin, gleich, ob es sich dabei um traditionelle oder »alternative« Medizin handelt.

Die medizinische Wissenschaft (so wie sie sich heute darstellt) hat zwar sehr viel darüber zu sagen, warum Menschen krank werden, aber fast gar nichts darüber, warum sie nicht krank werden. Noch weniger hat sie darüber zu sagen, warum Menschen spontan gesund werden. Ich kann mir bildhaft vorstellen, wie sich ein Mediziner beschwert, daß es völlig unwissenschaftlich und eigentlich nicht erlaubt ist, daß jemand auf unerklärliche Weise von selbst gesund wird.

Wie wir bereits gesehen haben, halten sich die Dinge aber nicht immer an die Regeln, die jemand aufgestellt hat. Das ist gut so, hat aber auch seine Schattenseiten. Manchmal wäre es besser, wenn alles nach festen Regeln abliefe. Die Medizin hat viele Spielarten, und alle funktionieren auf ihre Weise. Es kann ebensogut sein, daß sich die Behandlung eines Patienten, der schon lange an einem bestimmten Zustand leidet, sowohl zu seinem Nachteil auswirkt als auch zu seinem Nutzen.

In Großbritannien ist jede Form des Heilens gesetzlich zulässig. In einigen anderen Ländern ist das jedoch nicht ganz so einfach. In den Vereinigten Staaten beispielsweise hält die *American Medical Association* zusammen mit den großen Pharmakonzernen die Medizin geradezu im Würgegriff. Dort ist es gesetzlich nicht erlaubt, daß irgendwer außer einem zugelassenen Arzt – in einigen Fällen auch ein

Priester – eine Diagnose stellt und irgendeine Form der Behandlung für irgendeine Krankheit verordnet. In mancher Hinsicht ist das sicherlich auch von Vorteil, immerhin führt es dazu, daß der Schaden ausschließlich von Schulmedizinern angerichtet werden kann – obwohl diese ohnehin schon genug Schaden anrichten.

Das Problem ist, daß die Medizin als Heilkunst auch Freude machen und Ruhm einbringen kann. Die Erfolge sind eben deutlich sichtbar. Wenn Sie jemanden von einer Krankheit heilen, dann sind *Sie* es gewesen, der es getan hat, oder zumindest können Sie sich das Verdienst anrechnen. Die vorbeugende Medizin hingegen ist relativ langweilig. Sie basiert geradezu darauf, daß nichts passiert. Zudem ist oft die beste Vorbeugung, überhaupt nichts zu tun und die Dinge sich selbst zu überlassen. Eine alte Handwerkerweisheit lautet: »Wenn etwas funktioniert, laß lieber die Finger davon.«

Ich kann mich an eine Konferenz von Mantikern erinnern, auf der einige der Beteiligten geradezu verzweifelt herumliefen und versuchten, andere zu »heilen«, ganz gleich, ob diese das wollten oder nicht. Dabei trugen sie stets übertriebene Gesten zur Schau und erwarteten auch noch Dankbarkeit dafür. Am Ende dieser ganz und gar nicht spaßigen Angelegenheit fühlten wir uns alle irgendwie krank. Nur die »Heiler« waren erkennbar gesünder geworden! Es erinnerte mich auf fatale Weise an den lakonischen Kommentar, der leider allzu oft in den Berichten von Chirurgen aus dem neunzehnten Jahrhundert zu finden ist: »Operation gelungen – Patient tot«, ein etwas extremes Beispiel für verfehlte Sinngebung in der Medizin.

Ein nützliches Motto ist der alte Spruch: »Arzt, heile dich selbst!« Sie sollten also tunlichst zuerst versuchen, sich selbst in Ordnung zu bringen, bevor Sie an anderen herumdoktern. Üben Sie mit sich selbst, bevor Sie versuchen, anderen zu erzählen, was sie zu tun haben. Wenn Sie ein vollkommener Mensch sind, dann haben Sie vielleicht das Recht, sich in die Angelegenheiten Ihrer Mitmenschen einzumischen. Bis es soweit ist, sollten Sie sich jedoch zurückhalten. Auf jeden Fall solange, bis Sie ausdrücklich gebeten werden, jemandem zu helfen.

Arzt, heile dich selbst! Bevor Sie mit anderen arbeiten können, müssen Sie sich erst einmal selbst besser kennenlernen. Das Pendel kann Ihnen helfen, sich selbst und Ihren Umgang mit Ihrer Umwelt kennenzulernen.

Die Medizin finden

Ein populärer Ausgangspunkt sind die Bach-Blütenessenzen, eine Sammlung von achtunddreißig verschiedenen pflanzlichen Mixturen, die angeblich Gemütszustände beeinflussen können: Depressionen, Einsamkeit, Überaktivität und ähnliches. Diese Essenzen sind dazu da, von jedem einzelnen für sich selbst angewandt zu werden und nicht an anderen. Ein großer Vorteil der Bach-Blütenessenzen besteht darin, daß sie anscheinend völlig harmlos sind, wenn sie falsch angewandt werden. Manche sagen, daß das nur deswegen der Fall ist, weil sie überhaupt nichts bewirken. Das ist vielleicht richtig, vielleicht aber auch nicht. Auch hier gilt: Die Theorie spielt keine Rolle, sondern die Praxis.

Für das nächste Spiel (das Sie natürlich nicht spielen *müssen*) brauchen Sie ein Set von Bach-Blütenessenzen. Englische Blütenessenzen, die sogenannten *Bach Flower Remedies*, sind in den meisten Ländern frei verkäuflich, in Deutschland jedoch sind sie zur Zeit verschreibungspflichtig und nur in Apotheken erhältlich. Bitten Sie daher Ihren Arzt um ein entsprechendes Rezept. (Anmerkung der Redaktion)

Legen Sie alle Fläschchen – wie die Tasten eines Klaviers

– vor sich hin, wobei Sie die Fläschchen so plazieren, daß Sie die Etiketten nicht sehen können. Gehen Sie mit dem Pendel über jedes einzelne Fläschchen und finden Sie heraus, welches für Ihren Gemütszustand heute das beste ist. Stellen Sie dabei eine Frage: »Ist dies für meine Bedürfnisse heute das Richtige?«

Gehen Sie das gesamte Set durch. Bei einigen Flaschen werden Sie ein definitives Ja bekommen, für andere ein gleichermaßen definitives Nein. Andere werden Ihnen höchstens ein »eigentlich nicht« geben, wobei das Pendel sich vielleicht ein wenig aus der neutralen Stellung herausbewegt, so, als ob es interessiert wäre, was da eigentlich vor sich geht. Nehmen Sie alle Reaktionen zur Kenntnis, einschließlich des »eigentlich nicht«. Jetzt drehen Sie die Flaschen herum und vergleichen Sie ihre Ja- und Nein-Reaktionen mit den Beschreibungen auf den Etiketten. Fällt Ihnen etwas Interessantes auf?

Ein anderes Experiment, das Sie machen könnten (allerdings auf eigenes Risiko), ist der Gebrauch der Essenzen entsprechend den Reaktionen des Pendels, die Sie gerade notiert haben. Vielleicht einen Tropfen von jeder Flasche, die eine Ja-Reaktion provoziert hat. Sie können auch das Pendel bestimmen lassen, wie viele Tropfen sie nehmen. Kommen Sie nach ein paar Stunden wieder darauf zurück und stellen Sie fest, ob ein Unterschied in Ihrer Gemütsverfassung festzustellen ist. Vielleicht ist es nicht so einfach, überhaupt einen Unterschied zu bemerken, denn Sie sehen Ihre Welt immer durch ständig wechselnde Gemütszustände.

Als Übung können Sie diese Test- und Dosierungssequenz einmal täglich eine Woche lang wiederholen. Führen Sie in dieser Woche Tagebuch, schreiben Sie Ihre Stimmungen und Ihre inneren Verfassungen auf. Beobachten Sie auch Ihre eigene Wahrnehmung. (Das ist das eigentlich »Wissenschaftliche« an dieser Übung, aber machen Sie sich darüber nicht zu viele Gedanken.) Gebrauchen Sie das Pendel als Hilfsmittel, um sich selbst und Ihr Verhalten der Welt gegenüber zu beobachten.

»Für meinen nächsten Trick...«

Anstelle der Fläschchen mit den Bach-Blütenessenzen können Sie auch einfach eine Liste der Essenzen als Grundlage nehmen. Zeigen Sie nacheinander auf jede Essenz und achten Sie auf die Reaktion des Pendels. Falls Sie bereits mit den Essenzen vertraut sind und sie lange genug benutzt haben, um sich die verschiedenen Flaschen deutlich vorstellen zu können, dann tun Sie das. Vergessen Sie dabei nicht, auch den Inhalt und das Etikett zu visualisieren.

Irgendwann merken Sie, daß Sie sich sogar nur vorzustellen brauchen, wie Sie die Essenz einnehmen, und genau dieselbe Wirkung verspüren, als hätten Sie sie tatsächlich aus der Flasche zu sich genommen. Eine vorgestellte Medizin, aber mit realer Wirkung. An diesem Punkt fangen die Dinge definitiv an, etwas seltsam zu werden.

Die Schulmedizin geht davon aus, daß die Dinge so funktionieren, wie die Schulwissenschaft dies voraussetzt. In dieser Sichtweise ist der Körper lediglich ein Sammelsurium von miteinander verbundenen, aber getrennt funktionierenden Teilen, die zusammen ein kompliziertes System von Röhren und chemischen Prozessen bilden. Jede chemische Substanz hat, wenn sie auf die passende Weise verabreicht wird, eine bekannte, vorhersehbare Wirkung. Wir meinen immer »viel hilft viel«, daß heißt, wenn wir eine Wirkung verstärken wollen, müssen wir eine höhere Dosis der chemischen Substanz einsetzen. Aber selbst in der Schulwissenschaft funktioniert das nicht immer: Wie üblich gibt es alle möglichen Ausnahmen und Nebenwirkungen sowie allerlei Wenn und Aber und Vielleicht, bis wir schließlich merken, daß die Wirklichkeit nicht viel mit dem gemeinsam hat, was wir als Wissenschaft vorgesetzt bekommen. Und dann gibt es noch jenes seltsame Phänomen, das man den »Placebo-Effekt« nennt, bei dem eine völlig wirkstoffreie Pille (die in klinischen Tests für die »Kontrollgruppe« eingesetzt wird) für eine beträchtliche Menge von Patienten eine Wirkung hat. Diese wirkstofffreie »Medizin« – normalerweise Kalziumlaktat, eine Art kalkartiger Zucker – wird in Versuchsreihen anstelle der verschiedensten »realen« Medikamente eingesetzt und scheint tatsächlich eine Wirkung zu haben. Das heißt, man kann praktisch *jede* Krankheit mit Placebos »behandeln«.

Dann gibt es noch die Homöopathie, die auf dem entgegengesetzten Prinzip wie die Schulmedizin beruht. Der Körper kann dabei nur als Ganzes gesehen werden, und »weniger ist mehr« in dem Sinne, daß eine Substanz immer wirksamer wird, je stärker sie verdünnt ist. Genauer gesagt, in den feineren Verdünnungen wird eine Art »Essenz« verstärkt oder hervorgehoben. Die meisten üblichen homöopathischen Heilmittel sind tausend- oder millionenfach verdünnt (gekennzeichnet als »3x« oder »6x«). In einigen Fällen ist die Verdünnung sogar so extrem (»200x« oder 10^{-200}), daß es statistisch gesehen unwahrscheinlich ist, daß auch nur ein einziges Molekül der ursprünglichen Substanz in der gesamten Flasche vorhanden ist, ganz zu schweigen von den kleinen Zuckerkörnchen, und trotzdem funktioniert es. Alles, was übrigbleibt, ist die Essenz oder die Idee der ursprünglichen Substanz, etwas vollkommen Imaginäres. Und es ist »etwas Imaginäres«, das hier funktioniert. Warum das so ist und wie es funktioniert, können wir nicht begreifen, und doch zeigt die Erfahrung uns, *daß* es funktioniert. Die Besserung findet in einem zeitlichen Zusammenhang mit der Einnahme des Mittels statt, ganz gleich, ob es sich dabei um ein »echtes« Medikament, ein Placebo oder etwas handelt, das kaum mehr als die Vorstellung eines Medikamentes ist. Auch hier haben wir es in gewisser Weise mit reinem Zufall und überwiegend mit Einbildung zu tun. Kommt uns das nicht irgendwie bekannt vor?

Da sind wir wieder bei dem Paradox angelangt, daß man die Dinge nicht nur sehen muß, um an sie zu glauben, sondern daß man auch an sie glauben muß, um sie zu sehen. Die Diagnose bestimmt die Behandlung. Wenn Sie also auf einer Diagnose bestehen, die die Dinge schwieriger macht als sie sind, dann werden sie auch schwierig. Wenn Sie sich jedoch für eine Diagnose entscheiden, die die Dinge leicht macht, dann können sie auch leicht werden – oder zumindest etwas leichter als jetzt. (Auch das kommt uns vielleicht bereits bekannt vor.)

Man kann sich leicht vorstellen, wie man schrecklich krank wird – die Freuden der Hypochondrie –, aber bis zu einem gewissen Grad kann man sich auch vorstellen, wie man wieder gesund wird. Es gibt Menschen, die den Standpunkt vertreten, daß man kraft seiner Vorstellung alle Schwierigkeiten des Lebens von sich fernhalten kann. Sie nennen das den »Glauben an die heilende Kraft Gottes«. Es ist jedoch nicht ganz so einfach, denn Sie müssen sicherstellen, daß die imaginäre Welt des »Ich bin gesund und heil...« mit dem, was auf der physischen Ebene in der sogenannten »realen Welt« vor sich geht, übereinstimmt. Das ist leichter gesagt als getan, sogar wenn es sich um so etwas Unbedeutendes wie eine Erkältung handelt.

Was Sie allerdings tun können, ist, sich selbst zum Gesundsein überlisten. In gewissem Sinne tun das nämlich auch die, die von der heilenden Kraft Gottes sprechen. Sie legen die Verantwortung für ihr Wohlergehen einfach in die Hände einer angeblich allmächtigen Instanz, die natürlich in der Lage ist, sich um all das zu kümmern, womit wir selbst im Moment nicht fertig werden. Auch in der konventionellen Medizin bedienen wir uns derselben trickreichen Überlistungstechnik. Wir stecken die Kranken in Krankenhausbetten, bestellen das Pflegepersonal, um ihnen etwas persönliche Zuwendung zu geben, führen ihnen teuer aussehende hochtechnisierte Apparaturen vor, die einen vertrauenerweckenden Eindruck machen, und solange wir das Innenleben der Patienten nicht allzusehr zerschnippeln oder ihre Körperchemie durch dubiose Medikamente durcheinanderbringen, werden sie wahrscheinlich irgendwann ganz von selbst wieder gesund – ohne daß ihnen irgend etwas Besonderes angetan werden mußte. Um es mit Lao Tse zu sagen: »Wenn nichts getan wird, bleibt nichts ungetan.«

Mit dem Pendel verhält es sich nicht viel anders. Wir machen von einer Requisite in einem komplizierten Bühnenkunststück Gebrauch, um uns selbst zu überlisten, Dinge zu sehen, die wir andernfalls nicht sehen könnten. Oder wir tricksen uns selbst aus und bringen uns in einen Zustand, in dem wir nicht mehr länger nur herumprobieren, sondern Dinge einfach tun und dabei auch noch unserem Anfängerglück eine gewisse Art Beständigkeit verleihen. (Austricksen ist hier vielleicht nicht ganz das richtige Wort, vielmehr sollte ich sagen, daß wir eine Möglichkeit finden müssen, uns selbst nicht mehr im Wege zu stehen und das Pendel, beziehungsweise die Heilung, funktionieren zu lassen.) Ein anderes Wort dafür ist Magie – Heilung als Magie.

Es gibt also offenbar nichts Unmögliches. Schnell wird es dann zu einer Technik, auf dieselbe Weise, wie wir das Pendel als eine Technik sehen. Wir gehen auf magische Weise an die Technik heran, was auch immer »Magie« dabei zu bedeuten hat.

Bei einer Technik akzeptieren wir die Tatsache, daß wir nicht alles wissen können. Wir machen immer von dem

Gebrauch, was wir gerade zur Verfügung haben. Es gibt nichts Richtiges und Falsches, alles ist richtig, und nichts ist richtig. Es kommt nicht darauf an, ob eine Behandlung angeblich einem festen System entsprechend richtig ist, denn jedes System – und kein System – ist wahr. Worauf es wirklich ankommt, ist, daß ein System für die betroffene Person *angemessen* ist. Wirksam, zuverlässig, elegant und angemessen.

Allen säuberlichen Regeln unserer Logik zum Trotz ist das, was für eine Person angemessen ist, für jeden und zu jeder Zeit etwas anderes. Wahres Heilen, wirkliche Medizin ist also eher eine Frage der Angemessenheit der jeweiligen Behandlung für die jeweilige Person zur jeweiligen Zeit. Auf keinen Fall reicht es aus, in einem offiziell anerkannten Nachschlagewerk nachzusehen. Sie müssen wissen, wie Sie etwas *wissen* können und merken, wann das System, an das Sie gewöhnt sind, nicht auf das, was Sie vor sich haben, anwendbar ist. Wenig denken, viel sein. Beides zur gleichen Zeit.

Manchmal kann es sehr wohl notwendig sein, den allzu oft vorgezogenen Hammer der Antibiotika einzusetzen oder Strahlungstherapie oder was auch immer, einschließlich aller Nebenwirkungen und sonstiger unangenehmer Begleiterscheinungen. Manchmal ist es jedoch angebrachter, auf Taschenspielertricks zurückzugreifen, auf einen glatten Betrug oder eine offensichtliche List, um uns davon abzuhalten, uns selbst im Wege zu stehen. Oder wir sitzen einfach da und sprechen miteinander, schenken uns ein wenig Zeit – eine wundersame Heilmethode, die die Spezialität einiger guter Hausärzte ist. Wenn es funktioniert und Sie die Koinzidenz der Besserung treffen, ist es überhaupt nicht nötig, daß wir wissen, was die »wahre« Ursache war. Auf jeden Fall war die Heilung dann weniger kostspielig als eine Menge Medikamente.

Zeit zum Fragen

Zurück zum Pendel. In der Praxis erweist sich das Pendel als ein gutes Mittel, um auf Fragen aller Art eine Antwort zu erhalten. Es ist gewissermaßen der Köder beim Sammeln von Fakten.

Wie üblich besteht der Trick nicht so sehr in der Antwort, sondern in der Frage. Wenn die Frage klar gestellt wird, kommt die Antwort beinahe wie von selbst, ganz gleich, ob Sie ein Pendel benutzen oder nicht. Sie entwickeln dabei Ihre Intuition, Ihren Geschmack, Ihr Urteilsvermögen, Ihre Schlagfertigkeit. Sie lernen, einer Eingebung zu folgen. Man könnte noch vieles darüber sagen.

Innerhalb einer konventionellen technischen oder wissenschaftlichen Ausbildung wird der Gebrauch dieser Aspekte des menschlichen Potentials abgelehnt. Eingebungen sind unwissenschaftlich, sie lassen sich nicht auf eine einzelne Ursache zurückführen. Das ist sehr schade, denn Eingebungen haben ihren Ursprung dort, wo fast alle neuen Ideen und alle Problemlösungen herkommen.

In Schule und Universität werden wir ausdrücklich darauf trainiert, in der Lage zu sein, logische Probleme zu lösen nach dem Motto: »Hier ist die Frage, wie lautet die Antwort?« Eine Nebenwirkung davon ist, daß wir gleichzeitig dahingehend trainiert werden, keine Probleme lösen zu können, die *außerhalb* der Logik liegen. Solche Probleme tauchen im wirklichen Leben sehr häufig auf und sind entsprechend Murphys Gesetz bisweilen unausweichlich. Oft heißt es dann: »Hier ist die Antwort, wie lautet also die Frage?« Es ist interessant zu beobachten, daß Studenten, die sich erstmals mit wissenschaftlicher Forschung beschäftigen, oft zunächst neu lernen müssen, ihre analytischen Fähigkeiten lange genug zurückzuhalten und *nicht* einzusetzen, um in der Lage zu sein, etwas einfach nur zu beobachten.

In der Praxis muß der analytische Verstand ausgeschaltet werden, bevor man überhaupt die Chance hat nachzudenken oder sich etwas Neues auszudenken. Man kommt nicht umhin, jedesmal, wenn man irgendwo steckenbleibt, etwas völlig Neues zu finden, ansonsten wird man sich ständig im Kreise bewegen – in immer kleiner werdenden, aber vollkommen logischen Kreisen.

Nicht steckenzubleiben bedeutet, sich eine neue Methode auszudenken, um sich aus der festgefahrenen Situation zu lösen, eine neue Realität zu schaffen. In der wissenschaftlichen Forschung gibt es dazu viele verschiedene Methoden: Brainstorming, spekulative und heuristische Methoden und anderes. Die meisten dieser Methoden sind für die Teamarbeit gedacht, und nicht ganz so einfach anzuwenden, wenn Sie ganz auf sich gestellt sind.

Eine Lösung besteht im Gebrauch des Pendels, sowohl als eine Art Ritual als auch als »Telefonservice«. Dabei ist es wichtig, wie wir in der Übung »Die verlorenen Schlüssel gesehen haben, den Gebrauch des Pendels dazu zu benutzen, an nichts Bestimmtes zu denken, was dann dazu führt, daß Ihnen nützliche Erinnerungsdetails wieder einfallen und sich sozusagen im Hinterkopf wieder melden können: Das Pendel als Mittel, wenig zu denken und die Aufmerksamkeit auf das Pendel zu konzentrieren, aber gleichzeitig zu spüren und nach innen zu hören, offen zu sein. – Wieder einmal ein schönes Stück geistiger Akrobatik. Versuchen wir's.

Auf Forschungsreise durch die Bibliothek

Sie brauchen eine bestimmte Information. Die Schwierigkeit ist nur, daß Sie keine Ahnung haben, wo Sie anfangen sollen zu suchen. Gehen Sie in die Bibliothek. Wie so oft, wenn man nach etwas Bestimmtem sucht, sind Sie sich allerdings überhaupt nicht sicher, wie Sie die Information, die Sie suchen, beschreiben sollen. Das einzige, was Sie wissen, ist, daß Sie sie erkennen werden, wenn Sie sie erst einmal vor sich haben.

Eine analytische Methode – jeden Satz jeden Buches in der gesamten Bibliothek durchzukämmen in der Hoffnung etwas Bekanntes zu finden – ist unpraktikabel, weil das eine Ewigkeit dauern würde. Das scheidet also aus.

Sie könnten wenigstens jedes wahrscheinlich in Frage kommende Buch durchsuchen, aber welche Bücher fallen unter diese Kategorie? Und selbst dann würde das Durchsuchen jeder einzelnen Seite eine Ewigkeit dauern. Wir sind also wieder einmal auf inspirierte Vermutungen angewiesen – was uns zurück zum Pendel bringt.

Wir müssen jetzt alles auf die Koinzidenz setzen und den schmalen Grat zwischen Nichts und Murphys Gesetz finden. Wir haben diesen Grat auch Nasruddins Gesetz genannt, nach dem durch Koinzidenz nützliche Dinge geschehen können. Indem Sie die Frage formulieren, innerlich aussprechen, wonach Sie suchen, und damit Ihre Forschungsreise antreten, bereiten Sie sich selbst darauf vor, die Koinzidenz, wenn sie eintritt, zu *erkennen*, ganz gleich, worin im Einzelfall ihre Ursachen bestehen.

Dies ist ein Ritual, ein Spiel, das gemacht wird, um der Suche einen Rahmen zu geben und den schmalen Grat zu betreten – die Verwendung des Pendels als Ritual und die gleichzeitige innere Bereitschaft zur Koinzidenz. Machen Sie sich selbst klar, wonach Sie suchen. Formulieren Sie in Gedanken die Fragestellung.

Auch hier sollten Sie gar nicht erst lange herumprobieren, sondern gleich Nägel mit Köpfen machen. Vielleicht ist die Information, nach der Sie suchen, ja durchaus nichts Unbedeutendes. Trotzdem sollten Sie sich nicht besonders anstrengen, denn je stärker Sie sich bemühen, desto schwerer werden Sie es finden. Schließlich werden Sie sich so weit von ihrem Ziel entfernt haben, daß Ihnen nichts anderes übrigbleibt, als sich auf die alten Holzhammermethoden der konventionellen Suche zu verlassen. Lassen Sie statt dessen die Information sich selbst finden, lassen Sie zu, daß die Information *Sie* findet.

Fangen Sie an, indem Sie das Pendel neutral schwingen lassen. Sie suchen nach einer Ja-Antwort, wenn das, worauf Sie zeigen, die Information oder etwas, das in diesem Zusammenhang wichtig ist, enthält. Wichtig kann zum Beispiel auch die Information sein, daß das, wonach Sie suchen, sich überhaupt nicht in der Bibliothek befindet und Sie daher lieber woanders suchen sollten. Oder Sie finden etwas, das darauf hinweist, daß Sie sich anderweitig umschauen sollten.

Als nächstes sollten Sie so etwas wie eine »Sektorensuche« durchführen. Zeigen Sie auf jede einzelne Abteilung in der Bibliothek, oder berühren Sie etwas in dieser Abteilung, wenn es das etwas greifbarer macht, und sehen Sie, ob Sie bei einer Abteilung ein Ja bekommen. Achten Sie auch darauf, ob Sie ein Nein oder ein »Idiot« bekommen, wobei die Bedeutung dieser Antworten vom jeweiligen Zusammenhang abhängig wäre. Das müssen Sie dann selbst herausfinden. Wenn Sie ein Ja bekommen haben, tun Sie dasselbe für jedes einzelne Regal in der Abteilung und dann für jedes Buch in dem Regal.

Sehen Sie sich die Titel der Bücher nicht einmal an, lassen Sie alles wie von selbst geschehen. Versuchen Sie nicht, das, was da geschieht, zu analysieren, denn alles basiert auf Koinzidenz, nicht auf Ursache und Wirkung. Sie führen eine Sektorensuche durch. Wenn Sie ein Buch in der Hand halten, blättern Sie ganz oberflächlich durch die Seiten, bis das Pendel »Halt« sagt. Schwingen Sie dabei das Pendel in seiner neutralen Bewegung und gehen Sie durch alle Kapitel, bis Sie ein Ja bekommen: »Das ist die Seite.« Sie können auch das Inhaltsverzeichnis oder das Register als eine Liste benutzen und dort die einzelnen Kapitel nacheinander durchgehen. Oder Sie verlassen sich total auf die Koinzidenz oder auf Nasruddins Gesetz und schlagen das Buch einfach an einer beliebigen Stelle auf.

Was Sie dort finden, sieht vielleicht so aus, als hätte es überhaupt keinen Zusammenhang mit dem, was Sie suchen. Vielleicht hat es auch keinen direkten Zusammenhang, aber wahrscheinlich hat es irgendeine Bedeutung. Sehen Sie es sich noch einmal an. Welche Gedanken kommen Ihnen dabei? Welche Analogien drängen sich auf? Vergessen Sie nicht, daß Sie es mit dem unberechenbaren Humor des Jokers zu tun haben. Was auch immer es ist, es wird wahrscheinlich nicht so einfach zu durchschauen sein. Sie müssen ein wenig »um die Ecke« denken, um den Zusammenhang festzustellen und ihn nutzen zu können.

Wenn es auch jetzt noch keinen Sinn ergibt, spielen Sie einfach damit. Stellen Sie das Buch auf den Kopf. Nehmen Sie das erste und das letzte Wort auf der Seite. Sehen Sie, was Ihnen einfällt. Folgen Sie Ihren eigenen Einfällen. Fangen Sie noch einmal von vorn an und schauen Sie sich nach anderen Informationen um. Gehen Sie auf Forschungsreise durch die Bibliothek und sehen Sie, ob Sie auf neue Gedanken kommen.

Fehlersuche

Wie ich bereits erwähnte, arbeite ich nicht nur als Schriftsteller, sondern auch noch als Computerprogrammierer. Das Schwierigste beim Programmieren ist nicht das Entwerfen oder das Codieren eines Programms, sondern, es tatsächlich zum Laufen zu bringen. Dazu gehört, daß man sämtliche »Bugs« (Wanzen) beseitigt, das sind Instruktionen, die das Programm in irgendeine Richtung abdriften lassen, nur nicht dahin, wo man es haben will.

Ein Computerprogramm ist eine streng logische Struktur. »*Wenn* das und das eintritt, *dann* tu das und das.« Im Prinzip müßte ich also in der Lage sein zu analysieren, wo der Fehler steckt. Das Problem ist nur, daß selbst ein kleines Programm zu groß und zu kompliziert ist, um jede Fehlermöglichkeit zu analysieren. Und wenn das Programm dann auch noch in »Echtzeit« funktioniert, das heißt, daß es auf Ereignisse, die in beliebiger Kombination jederzeit in der wirklichen Welt geschehen, reagiert, dann ist es oft unmöglich, genau dieselbe Sequenz zu reproduzieren, die dazu geführt hat, daß das Programm abstürzt und anfängt, ein endloses und sinnloses Durcheinander von Buchstaben und Zahlen herunterzurattern.

Beim »Entwanzen« eines Programms müssen wir uns erstaunlich stark auf unsere Intuition, auf den Geschmack und das Bewußtsein dafür, wie es wäre, wenn man selbst in dem Programm steckt, verlassen. Ansonsten kämen wir überhaupt nicht weiter. Das Programm ist also wieder abgestürzt. Sie haben einen mindestens dreißig Zentimeter dicken Stapel von Programmausdrucken und anderen Informationen vor sich liegen. Und wie üblich hat sich niemand die Mühe gemacht, jeden einzelnen Schritt beim Entwerfen des Programms zu dokumentieren. Sie stehen also gewissermaßen vor einem großen Heuhaufen und wissen, daß irgendwo da drin eine Nadel, in Ihrem Fall eine Computerwanze, verborgen ist. Finden Sie sie. Reparieren Sie das Programm. Es ist Ihr Problem.

In der Tat stellt sich hier dasselbe Problem wie bei der Forschungsreise durch die Bibliothek. In diesem Fall bestände die Holzhammermethode darin, jede einzelne Zeile zu lesen und sie mit jeder anderen zu vergleichen, was ebenfalls eine Ewigkeit dauern würde. Jedenfalls würde es so scheinen. Sie können das immer noch tun, wenn Ihnen nichts anderes übrigbleibt – eine nicht gerade rosige Aussicht.

Wir sind also wieder einmal auf Vermutungen angewiesen. Inspirierte Vermutungen. Die Suche nach einer hilfreichen Koinzidenz. Womit wir wieder bei dem Teil Ihres Pendel-Werkzeugkastens angelangt wären, der aus »vollkommenem Zufall und überwiegender Einbildung« besteht. Fangen wir wieder an zu pendeln. Ein Ritual, um die Aufmerksamkeit zu schulen. Wenig Denken, viel Sein. Ein Sektor wird durchsucht. »Wo ist das Problem, das diesen Programmabsturz ausgelöst hat?« Fahren Sie mit der Bleistiftspitze an der Auflistung der Programmbefehle herunter und sehen Sie, wo Sie ein Ja bekommen. Wahrscheinlich bekommen Sie mehrere Ja's. Notieren Sie sich alle. Tun Sie dasselbe mit den Nein- und »Idiot«-Antworten. Vielleicht gibt es weitere Probleme, die noch gar nicht in Erscheinung getreten sind? Dann schauen Sie sich die Gegenden, die Sie markiert haben, näher an. Blättern Sie die Seiten durch, bis das Pendel Ihnen sagt, Sie sollen anhalten. Zeigen Sie auf jede Zeile Programmcode auf der Seite und achten Sie auf die Reaktionen des Pendels. (Wenn Sie eine »Idiot«-Reaktion bekommen, sind Sie wahrscheinlich in Ihrer Suche über das Ziel hinausgeschossen und suchen auf der falschen Seite.) Sehen Sie, was dabei herauskommt. Wahrscheinlich ergibt es keinen Sinn. Noch nicht.

Schauen Sie es sich noch einmal an. Bevor Sie das Pendel beiseitelegen, überlegen Sie sich, was das Programm auf dieser Stufe tut. Welche Werte sind an welcher Stelle? Was enthalten die maschineninternen Speicher? Was ist im Stapel und in anderen Nebenablagen? Wie ist der Zustand der Maschine? Schauen Sie sich das Programm aus der Perspektive des Programms an der Stelle innerhalb des Programmiercodes an. Seien Sie das Programm, das an diesem Punkt angekommen ist.

Welche Ideen kommen Ihnen noch, während Sie dies tun? Lassen Sie Ihrem Denken keinen breiten Spielraum, konzentrieren Sie sich auf die Logik des Programms, aber lassen Sie Ihr Sein sich ausbreiten, achten Sie auf Ideen, Möglichkeiten und Anregungen, im selben Moment, in dem sie entstehen.

Fangen Sie noch einmal von vorn an: Führen Sie die erste oberflächliche Suche durch, dann die Sektorensuche, gehen Sie dann noch einmal die Liste durch, bis Sie etwas zum Reparieren finden. Es funktioniert, wenn Sie es nur zulassen. Wenn Sie sich jedoch innerlich zu sehr anstrengen, kann es nicht funktionieren. Wenn Sie das Programm ununterbrochen ansprechen und Fragen stellen, können Sie nicht hören, was es selbst zu sagen hat.

Dieses Vorgehen hat sich bei allen Arten der Fehlersuche bewährt. Ich habe ja bereits das Beispiel eines Designers elektronischer Schaltkreise erwähnt, der genau dasselbe mit einem seiner Entwürfe für eine Schaltung getan hat. Er fühlte seinen Weg mit der Fingerspitze durch die Schaltkreise hindurch, erspürte die Werte der einzelnen Komponenten und ging ganz nach seinem Gefühl, wenn es um die Veränderung dieser Werte ging. Die hohe Kunst des Technikers ist, »mit den Händen zu denken«. Aufmerksam sein, offen sein, aufnahmebereit sein.

Der Trick ist, daß die Fehlersuche etwas *Un*logisches ist, etwas, das aus dem Geltungsbereich der Logik herausgefallen ist. Sie basiert auf Logik, auf Voraussetzungen, die in dem Programm oder was gerade untersucht wird, gemacht werden. Sie muß jedoch über diese Voraussetzungen hinausgehen, um die Fehler sehen zu können. Das führt zu einer nicht immer leichten, beinahe abnormalen Verdrehung des Denkens. Wir haben es wieder mit dem schmalen Grat zwischen Nichts und Murphys Gesetz zu tun, mit Zufall, zufälligen Begebenheiten und Koinzidenzen. Koinzidenzen für sich arbeiten lassen. – Eine Technologie des glücklichen Zufalls, kann man sagen. Fern aller Logik. Inspirierte Vermutungen – das Pendel als Mittel zur Förderung der Inspiration.

Fakten sammeln

Es gibt ein neues High-Tech-Spielzeug, mit dem Top-Manager ihre Entscheidungen treffen: das Pendel.

Leider gibt es keinen magischen Supermarkt, in dem Sie einen Zauberstab kaufen können, der Ihnen alle Fragen beantwortet. Besonders nicht die unangenehmsten, wie: »Was soll ich jetzt machen?« oder: »Wie kriege ich das zum Laufen?« Das Pendel würde, wie Sie wissen, darauf mit »Ja« antworten. Hilfreich wie immer. Woraufhin Sie wieder schön im Trüben fischen und versuchen können, etwas zu sehen, wo es nichts zu sehen gibt. Es ist wie auf der Autobahn im Nebel: Es ist irgendwas da vorn, aber ich möchte lieber nicht damit zusammenstoßen!

Was Sie wirklich brauchen, ist eine andere Art des Denkens. In gewisser Weise kann das Pendel dabei helfen, trotz seiner Neigung zu unnützen Antworten. Hängen Sie also am besten ein Schild an Ihre Bürotür: »Bin Angeln gegangen«, und gehen Sie Fakten angeln. Benutzen Sie das Pendel an der Schnur als Köder, um es über den trüben Gewässern des Verstandes baumeln zu lassen. Außerdem brauchen Sie Bleistift und Papier. Und, um die Sache schließlich doch noch etwas verwirrender zu machen, müssen Sie Ihr Pendel benutzen und gleichzeitig Ihre Notizen machen. Sie brauchen also ein wenig Übung, denn die Hand, mit der Sie normalerweise schreiben, ist wahrscheinlich auch die Hand, in der Sie das Pendel halten würden.

Lassen Sie Ihre Gedanken ein wenig umherschweifen, machen Sie einen Spaziergang mit Ihrer Phantasie, mit dem Pendel wie einen Hund an der Leine. Es ist alles nicht so wichtig, nicht einmal die Frage, die Sie mit dem Pendel lösen wollen – sie wird sich ganz von allein lösen, wenn Sie sie lassen. Sie sitzen einfach da und tun nichts weiter als Ihre Gedanken an sich vorüberziehen zu lassen. Das Pendel ist, wenn Sie so wollen, das Floß auf dem Wasser, das sich auf den Strömungen Ihrer Gedanken hin und her bewegt. Behalten Sie das Pendel nur ganz beiläufig im Auge. Beobachten Sie seine Reaktion, während die Gedanken vorüberziehen. Schreiben Sie (auf beiläufig interessierte Weise) die Gedanken auf, die das Pendel zu interessieren scheinen, indem es Ihnen ein Ja signalisiert – selbst wenn es ein vages Ja ist. Notieren Sie auf einem anderen Blatt die Gedanken, die ein Nein oder ein »Idiot« provozieren. Achten Sie besonders auf letztere. Sehen Sie sich gelegentlich das, was Sie aufgeschrieben haben, näher an. Zeigen Sie auf jeden der Gedanken, die Sie auf das Papier gekritzelt haben, und beobachten Sie die Reaktion des Pendels darauf noch etwas genauer. Denken Sie darüber nach, was diese Reaktionen bedeuten könnten. Denken Sie jedoch nur beiläufig darüber nach, strengen Sie sich nicht zu sehr dabei an. Lassen Sie das Pendel nur ein Teil der Bedingungen sein – einen Grundköder, wenn Sie so wollen –, wenn Sie wieder einmal Fakten angeln gehen.

Machen Sie auch hierbei mehrere Durchläufe. Neue Gedanken steigen auf; das Pendel (Sie selbst) gibt seinen Kommentar ab. Sie sehen sich die Gedanken genauer an. Dann werfen Sie wieder Ihre Angel aus. Neue Gedanken steigen auf ... Stürzen Sie sich nicht gleich auf den erstbesten Gedanken, der Ihnen in den Sinn kommt. Vielleicht kommt ja gleich ein besserer hinterher, der gespannt darauf ist zu sehen, was mit seinem Vorgänger passiert. Andererseits könnte dies der beste Gedanke sein, der Ihnen gekommen ist, trotzdem können Sie ihn noch ein wenig entwickeln und so weiter. – Neue Ideen sammeln, Fakten angeln. Einfach nur sammeln.

Zeit verloren, Verstand verloren?

Es wäre ja soviel einfacher, auf die Frage »Was soll ich jetzt tun?« zu antworten, wenn wir in die Zukunft sehen könnten. Vielleicht können wir ja das Pendel benutzen, um Zukünftiges vorherzusagen? Oje! Jetzt wird's spannend.

Sie können tatsächlich mit dem Pendel in die Zukunft sehen – vorausgesetzt, Sie wissen genau, *welche* Zukunft Sie meinen, *welche* Fragen Sie an diese Zukunft richten wollen und *wie* Sie diese imaginäre Zukunft rechtzeitig in die Gegenwart bringen können, damit sie genau die Zukunft ist, die Sie meinen. Wenn, wenn, wenn...

Falls Sie das Bedürfnis haben, vor unlösbare Rätsel gestellt zu werden, dann sollten Sie es einmal mit Prophezeiungen versuchen. Zeit verloren, Verstand verloren? In diesem Zusammenhang kann die Arbeit mit der Zeit, die Sie mit Ihrem Pendel machen, sehr hilfreich sein – jedoch nur solange, wie Sie sich im klaren darüber sind, daß Sie es nicht mit Tatsachen, sondern mit Möglichkeiten zu tun haben. Insbesondere mit der Möglichkeit, daß eine bestimmte Koinzidenz zu einer bestimmten Zeit an einem bestimmten Ort erscheinen wird.

Übungen mit Möglichkeiten

Wir haben es hier mit Möglichkeiten zu tun, das heißt, wir wollen die wahrscheinlichste, angemessenste Zukunft aus einer unendlichen Anzahl von Möglichkeiten heraussuchen. Im Gegensatz zu Statistikern und anderen, die nichts Besseres zu tun haben, als aufgrund statistischer Prognosen die Wahrscheinlichkeit eines bestimmten Ereignisses zu berechnen, haben wir es mit der *Praxis* der Wahrscheinlichkeit zu tun. Wieder einmal lassen wir Koinzidenzen für uns arbeiten.

Wenn man den theoretischen statistischen Prognosen der Erbauer von Kernkraftwerken Glauben schenken darf, kann es nur einmal in tausend Jahren Betriebsdauer zu einem kerntechnischen Unfall kommen. *Wann* das der Fall sein wird, ist damit jedoch nicht gesagt. Vielleicht passiert tatsächlich tausend Jahre lang nichts, es kann jedoch genausogut schon in diesem Jahr oder in dieser Woche sein – die Statistik kann darüber keine Aussagen machen. Da Kernkraftwerke im allgemeinen unter der Voraussetzung erbaut werden, daß es so etwas wie Murphys Gesetz nicht gibt, können uns diese statistischen Prognosen auch nur wenig beruhigen.

Das Problem mit statistischen Prognosen ist dasselbe, das wir bei der Wassersuche mit Hilfe der Geologie gesehen haben. Sie kann uns zwar einen allgemeinen Überblick über die geologische Struktur geben, aber die Details bleiben ihr verschlossen. Details jedoch sind es, die wir brauchen. Wir müssen wissen, *wann* etwas geschieht, und zwar sofort. Dank der gründlichen Arbeit des Jokers und der Paradoxa der Zukunftsvorhersage können wir jedoch nichts mit Genauigkeit feststellen, sondern nur Vermutungen anstellen, jedenfalls wenn es um statistische Prognosen geht.

Wir können jedoch aus der Menge der Möglichkeiten einen einzelnen Aspekt der Zukunft heraussuchen und mit Hilfe des Pendels sehen, ob wir dazu ein gutes Gefühl haben. Dabei können wir sehen, ob das Pendel eine positive Reaktion zeigt, wenn die gestellte Frage mit der Zukunft, wie wir sie sehen, übereinstimmt. Auch hier sollten wir unser Denken möglichst beschränkt halten und die Variationsmöglichkeiten der jeweiligen Zukunft limitieren, während unser Sein sich ausweiten kann, um zu spüren, ob das, was Sie sehen, angemessen zu sein scheint und ob Sie ein gutes Gefühl dabei haben.

Je weiter Sie die Variationsmöglichkeiten in der Zukunft

reduzieren, desto wahrscheinlicher wird es, daß Sie das Richtige sehen. »Richtig« bedeutet hier »brauchbar«. Wenn Sie versuchen, mit Hilfe des Pendels den Preis zu ermitteln, den eine Unze Feingold in drei Monaten kosten wird, dann lautet die beste Antwort: »Idiot«. Es gibt dabei einfach zu viele Variabeln, zu viele Menschen, die auf die Schwankungen des Goldpreises einwirken, was natürlich Ihren Blick auf die zukünftigen Möglichkeiten entscheidend beeinträchtigt. Wenn Sie jedoch etwas ganz Einfaches ausarbeiten, haben Sie eine viel bessere Chance, die richtigen Ergebnisse zu erhalten. – Etwas Einfaches, wie zum Beispiel die Frage, wann Ihre Freunde heute abend bei Ihnen zu Hause eintreffen werden.

Sie fahren am Morgen von zu Hause ab, Sie wissen nicht genau wann, und, wie Sie Ihre Freunde kennen, wissen sie es selbst nicht. Sie benutzen Ihr Pendel, um es herauszufinden. Für das Pendel ist das Ganze nichts weiter als eine Zählaufgabe. Sie können auf der Spieluhr Ihrer kleinen Tochter auf eine bestimmte Zeit zeigen und dann eine Reihe von Fragen stellen: »Sind sie um acht (neun, zehn) losgefahren?« Oder Sie zählen einfach die Stunden und Minuten, bis das Pendel Ihnen signalisiert, einzuhalten.

Machen Sie sich ein deutliches inneres Bild davon. Stellen Sie sich vor, wie sie in das Auto einsteigen und abfahren. Visualisieren Sie sie, ihr Auto, das Haus, alles zusammen. Sie wollen die Zeit des Ereignisses Ihrer Abreise herausfinden, die Koinzidenz dieses Vorganges in der Zeit. Sie werden mindestens eine Stunde brauchen, bis sie bei Ihnen ankommen. Stellen Sie sich vor, Sie sitzen mit ihnen zusammen im Auto, eine halbe Stunde, nachdem sie abgefahren sind, wann immer das gewesen sein mag. Wo befinden sie sich? Schauen Sie aus dem Wagenfenster. Welche markanten Punkte sehen Sie in der Landschaft? Nehmen Sie also eine bestimmte Zeit als *Ausgangspunkt*, anstatt sie zu suchen. (Das Pendel wird Ihnen hierbei keine große

Hilfe sein, es sei denn, Sie haben Lust, ihre derzeitige oder zukünftige Position auf der Landkarte auszupendeln.)

Schauen Sie weiter nach vorn in die Zeit. Sie sitzen zusammen mit Ihren Freunden im Wagen, sind aber gleichzeitig bei sich zu Hause. Schauen Sie aus dem Autofenster heraus von außen auf Ihr eigenes Haus, während Sie sich ihm nähern. Wie spät ist es jetzt? (»Jetzt« ist der Zeitpunkt ihrer Ankunft.)

Sie suchen nach der Koinzidenz von zwei Zeitpunkten an einem Ort, dann und jetzt, hier. Die Arbeit in der Zeit mit der Zeit, in der Vorstellung mit der Koinzidenz. Die praktische Anwendung der Weissagekunst.

Vergangenheit und Zukunft

Es gibt eine ganze Anzahl traditioneller Werkzeuge zum Weissagen: Tarot, I-Ging, Runen, Astrologie und viele andere. Alle beruhen wie das Pendeln völlig auf Koinzidenz und größtenteils auf Phantasie. Dennoch funktionieren sie als Werkzeuge.

Der klassische Fehler mit einer Methode wie der Astrologie besteht darin, die Vorhersage allzu wörtlich zu nehmen und ihr entweder absoluten Glauben zu schenken oder sie von vornherein abzulehnen, je nachdem, wie man dazu steht. Solche Methoden betrachten die Dinge jedoch auf symbolische Art, in Analogien, Vergleichen und Koinzidenzen, völlig losgelöst von dem Konzept von Ursache und Wirkung. Die Dinge passieren einfach – eben jetzt und gerade so. Vielleicht ist das ja ein Teil des Jokerspiels.

Die Astrologie sagt keine Ereignisse, den eigentlichen Inhalt der Koinzidenz, voraus. Sie kann jedoch den Kontext beschreiben, in dem sich die Ereignisse abspielen und der ihnen ihre Bedeutung verleiht. Vielleicht liefert sie nur eine symbolische Sichtweise, die zweideutig genug ist, um den Betrachter zu zwingen, sich den Zusammenhang, in dem ein Ereignis steht, näher anzusehen, was letztlich auf dasselbe hinausläuft. Bilder, die verschwommen genug sind und ausreichend »Hintergrundrauschen« enthalten, machen es möglich, das Paradox aufzulösen, daß »die Dinge nicht nur gesehen werden müssen, damit man sie glaubt, sondern daß man an sie glauben muß, bevor man sie sieht«.

Wenn Sie meinen, der Astrologie absolute Fakten über eine bestimmte Zukunft abgewinnen zu können, sollten Sie sich auf einige interessante, aber leider oft recht kostspielige Auseinandersetzungen mit dem Joker gefaßt machen. Dasselbe gilt natürlich auch für das Pendel. Es bleibt Ihnen nichts anderes übrig, als die Ergebnisse, die es Ihnen gibt, zu interpretieren – besonders die »Idiot«-Antwort.

Nehmen wir an, die Astrologie kann uns eine detaillierte Zusammenfassung des Kontextes geben, in dem ein Ereignis stattfindet. Ein Geburtshoroskop zum Beispiel soll Ihnen eine detaillierte Zuammenfassung der Geschehnisse in Vergangenheit und Zukunft Ihres eigenen Lebens geben. Um jedoch ein Geburtshoroskop zu erstellen, müssen Sie erst einmal den genauen Zeitpunkt Ihrer Geburt feststellen, und das ist oft nicht mehr möglich. »Irgendwann am Abend« ist nicht genau genug, denn ein paar Minuten können eine signifikante Veränderung innerhalb des Horoskops bedeuten.

Holen wir also lieber wieder das bewährte Pendel hervor. Nehmen wir an, Sie versuchen, die genaue Geburtszeit einer Person zu ermitteln. (Irgendwie ist es leichter, wenn Sie es bei jemand anderem machen als bei sich selbst.) Also nehmen wir wieder die Spieluhr Ihrer Tochter. »Nenne mir die genaue Zeit der Geburt dieser Person.« Machen Sie sich ein Bild der Person und, falls zur Hand, verwenden Sie eine »Probe«, Haare oder ein Kleidungsstück, um das Bild zu bekräftigen. Zeigen Sie nacheinander auf alle Ziffern der Uhr. Zählen Sie die Stunden oder fragen Sie bei jeder Stunde nach Ja oder Nein, ganz wie Sie wollen. Hauptsache, Sie erhalten am Ende eine Zeit, die die Geburtszeit der Person ist – nicht ihre eigene, sondern die der anderen Person. Finden Sie die genaue Zeit, auf die Minute.

Auch hier gibt es wieder eine seltsame Beobachtung: Mir ist es mehrfach passiert, daß das Datum und die Uhrzeit, die ich ermittelt habe, nicht mit dem tatsächlichen Geburtszeitpunkt übereingestimmt hat. Trotzdem hat es schließlich immer zu einem angemessenen Horoskop geführt. Sie könnten jetzt vielleicht einwenden, daß der ermittelte Zeitpunkt der natürliche Geburtszeitpunkt gewesen wäre, wenn im Krankenhaus nicht auf irgendeine Weise eingegriffen worden wäre. Es spielt jedoch keine Rolle, denn es ist ja ohnehin alles »Zufall« oder vielmehr Koinzidenz. Aber darum geht es ja: *Alles* ist Koinzidenz. Eine Ansammlung von Bildern, die es Ihnen ermöglichen, die Dinge in einem anderen Licht zu sehen, aus einer anderen Perspektive. Völlig zufällig und überwiegend eingebildet.

Werkzeuge, um den Kontext der Dinge zu sehen und Ihre eigene Perspektive der Welt gegenüber unter die Lupe zu nehmen, durch Koinzidenzen, die in Ihrer Welt erscheinen. Sie schauen auf Vergangenheit und Zukunft und merken, daß auch sie nur eingebildet sind. Die Frage ist nicht, ob es wahr ist oder nicht, sondern ob es brauchbar ist – nützlich, effizient, zuverlässig, elegant und angemessen.

Selbst wenn die Leute meinen, es sei verrückt, was soll's? Das ist nicht Ihr Problem, sondern das der Leute.

Zweisamkeit

Fast alles, was wir bisher besprochen haben, können Sie allein machen. Vielleicht nicht notwendigerweise heimlich im stillen Kämmerlein, aber zumindest auch nicht unbedingt unter den Augen der Öffentlichkeit. Es gibt jedoch eine ganze Reihe von Situationen, in denen Sie das Pendel anwenden können, wenn zwei oder mehr Menschen beteiligt sind. Das ist auch viel interessanter.

Zeit der Verwirrung

Es ist gut, wenn Sie mit anderen zusammenarbeiten können, die Ihre Ergebnisse bestätigen oder Sie zumindest etwas ermuntern können. Wenn Sie ganz allein für sich arbeiten, kann es leicht passieren, daß Sie in eine unkontrollierte Richtung abdriften. Aber auch bei der Zusammenarbeit mit anderen kann man in einige wunderschöne Fallen tappen. Wenn drei beisammen sind, kann man schon von einer Gruppe sprechen. – Zeit zur Verwirrung.

Es gibt zum Beispiel eine schöne Variante der alten Falle: »Ich habe das letzte Mal hier eine Reaktion gehabt, also muß jetzt hier dieselbe Reaktion kommen.« Und die lautet: »Jemand anderer hat hier eine Reaktion bekommen, also müßte es bei mir ja auch eine geben.« Nun, der andere kann ja genausogut auch danebengelegen haben. Vielleicht achten Sie auch auf andere Dinge, oder Sie definieren das »Hier« anders. Es gibt viele Möglichkeiten.

Kurz gesagt: Setzen Sie nichts voraus. Lernen Sie Ihre eigenen Reaktionen kennen. Sie kennen Ihre Mitmenschen nicht. Sie sind nicht jemand anderer, Sie sind ganz Sie selbst, und das bedeutet, daß alles, was für andere zutrifft, für Sie noch lange nicht zutreffen muß.

Dasselbe gilt auch in der anderen Richtung: Was für Sie zutrifft, braucht für andere noch lange nicht zu stimmen. Ich erinnere mich an eine schreckliche Frau aus einer ortsansässigen Gruppe von Pendlern, die sich herumdrehte und rief: »So macht man das nicht! Sie müssen das so machen!« Es war ihr niemals in den Sinn gekommen, daß andere Menschen es nicht »so« machen und andere Erfahrungen haben könnten als sie selbst. *Alles* ist richtig, und auch gleichzeitig nicht richtig. Es kommt lediglich darauf an, daß es angemessen ist, für die Situation und für denjenigen, der es tut.

Es ist nicht leicht, das richtige Maß zu finden zwischen einem freundschaftlichen Wettbewerb und einem Abdriften in eine gemeinschaftliche Selbsttäuschung. Ich selbst bin viele Male in diese Falle geraten. In einer Welt, in der nichts wirklich objektiv ist, ist dies kaum zu vermeiden. Es ist wichtig, offen zu bleiben, die Gedanken zu beschränken, das Pendel genau zu beobachten, aber gleichzeitig das eigene Sein sich ausweiten zu lassen und auch solchen Dingen nachzuspüren, die Ihren Erwartungen entgegenlaufen. Achten Sie dabei auf die »Idiot«-Antwort, auf den Joker, und nehmen Sie das Ganze nicht allzu ernst.

Was wir ebenfalls nicht gebrauchen können, ist eine völlige Ausschaltung des Denkens. Vor einigen Jahren habe ich Forschungen im Bereich von »Erdenergien«, sogenannten »Ley-Linien« und ähnlichem, durchgeführt. Viele der Leute von damals beschäftigen sich heute noch immer damit. Ich muß zugeben, daß ich oft zusammenzucke, wenn ich höre, wie jemand von diesen Leuten sagt, daß sie durch ihre Arbeit beweisen könnten, daß die seltsamen Phänomene, die wir beobachten konnten, in grauer Vorzeit von den Einwohnern des sagenhaften Lemurien, von Atlantis oder gar von Außerirdischen mit einer Vorliebe für gerade Linien in der Landschaft, die mal kurz bei uns vorbeigeschaut haben, angelegt worden sind.

So einfach ist das nicht. Es ist auch wenig hilfreich zu sagen, daß diese Energien von einer rätselhaften Super-Zivilisation erschaffen worden sind. Es nützt wenig, etwas Unbekanntes auf etwas anderes zurückführen zu wollen, das ebenfalls unbekannt ist, noch dazu, wenn beides gleichermaßen phantastisch ist. All diese Dinge sind ebenso real wie imaginär. Sich in epischer Breite über Atlantis auszulassen, mag ja sehr glamourös sein, aber es ist wenig nützlich, besonders wenn man das Ganze als absolute Wahrheit hinstellen will. Um es mit Nils Bohr zu sagen: »Ihre Theorie mag ja verrückt sein, aber sie ist nicht verrückt genug, um wahr zu sein.«

Einfach, klar und präzise denken, aber großzügig, offen und aufmerksam sein, um sehen zu können, wenn man mit Denken allein nicht mehr weiterkommt. Zusammenarbeiten heißt auch einander helfen, eng zu denken und weit zu sein.

Telefonservice

Ein interessantes Gruppenspiel ist der »Telefonservice«, in gewisser Weise das mantische Gegenstück zum Telegraphen. Für dieses Spiel braucht man mindestens drei Mitspieler, alle mit Pendel, die sich entlang einer Wasserleitung oder -ader aufstellen.

Zuerst müssen Sie Ihre Wasserader finden. Eine Wasserleitung ist gut, aber wir hatten die besten – oder zumindest offenbar recht zuverlässige – Ergebnisse mit scheinbar natürlichen unterirdischen Wasseradern, die wir mit Hilfe des Pendels »gesehen« haben und die auf die Frage »Ist dies Wasser?« ein Ja hervorgerufen haben, obwohl sie keine Wasserleitungen im herkömmlichen Sinn waren, aber nach denen normalerweise mit Pendel oder Wünschelrute gesucht wird. (Falls Sie sich nicht vorstellen können, warum das der Fall sein sollte, werden Sie es spätestens dann verstehen, wenn Sie versuchen, es in die Praxis umzusetzen.)

Stellen Sie zwei Teilnehmer Ihrer Spielgruppe auf die Wasserlinie, die Sie gefunden haben, aber so, daß sie einander nicht sehen und nur vermuten können, was der andere tut. Wenn mehr als drei mitmachen, stellen sich die anderen ebenfalls auf die Linie. Einer wird jedoch als Beobachter gebraucht. Jeder hat sein Pendel in der Hand und läßt es sanft hin und her schwingen, oder was immer die neutrale Position ist.

Jetzt sollen alle Teilnehmer, die auf der Linie stehen, ihre Pendel vorsätzlich entweder in Ja- oder Nein-Richtung schwingen lassen. Dabei sollten sie sich gar nicht erst die Mühe geben, das Pendel zu bitten, es für sie zu tun, sondern gleich selbst aktiv schwingen. Das Pendel der anderen, die auf der Linie stehen, sollte dann diese Schwingung annehmen. Tun Sie es einfach, ohne herumzuprobieren. Vielleicht klappt es ja. Manchmal bekommen Sie ihre eigene Definition von Ja oder Nein, die sich von der Schwingungsrichtung des Senders unterscheiden kann. Warten Sie ab, was alles passiert. Probieren Sie nicht lange herum, tun Sie es. Es gibt nichts, was hier bewiesen werden soll, lassen Sie es einfach geschehen. Der Schlüssel zum Verständnis dieser Übung ist das Lachen. Sagen Sie den Teilnehmern, daß es wichtig ist, bei dieser Übung *nicht* »Hippopotamus« zu denken... Lassen Sie jeden einmal Sender und einmal Empfänger sein.

Dann verändern Sie die Spielregeln. Anstatt das Pendel selbst aktiv in Bewegung zu versetzen, bitten Sie es, ein Ja oder ein Nein zu zeigen. Sagen Sie den übrigen Teilnehmern nicht, was Sie senden – Ja oder Nein –, sondern nur, *wann* Sie senden. Halten Sie sich möglichst zurück.

Ändern Sie die Regeln noch weiter. Machen Sie sich nicht einmal mehr die Mühe, das Pendel in die Ja- oder

Nein-Schwingung zu versetzen, sondern denken Sie einfach daran. Stellen Sie es sich vor und senden Sie Ihren Mitspielern die Vorstellung.

Dann ändern Sie die Regeln noch einmal. Ziehen Sie in Ihrer Vorstellung eine Linie auf dem Boden. Senden Sie Ihr imaginäres Ja oder Nein durch die imaginäre Linie.

Schließlich können Sie sogar ganz auf die Linie verzichten. Senden Sie Ihr Ja und Nein direkt. Machen Sie sich ein Bild von dem, was Sie senden, und von der Person, zu der Sie es senden. Senden Sie das Ja oder Nein und warten Sie auf die Reaktion. Vergessen Sie jedoch nicht: Es ist alles Zufall, und größtenteils eingebildet.

Trotzdem funktioniert es. Oder zumindest irgend etwas funktioniert, denn die Koinzidenz dessen, was sie senden und was die andere Person empfängt, findet wirklich statt. Eine Folge von Ja- und Nein-Reaktionen, die meisten davon so, wie wir uns vorgestellt haben, daß sie gesendet würden. In Wirklichkeit ist natürlich überhaupt nichts gesendet worden. Es war alles eingebildet. Erst haben Sie auf einer eingebildeten Wasserader gestanden und schließlich sogar auf einer vollkommen willkürlich vorgestellten Linie.

Die Frage ist nicht so sehr, ob etwas wahr, sondern vielmehr, ob es brauchbar oder nützlich ist. Ein imaginärer Telefonservice: Koinzidenzen nutzen. Der Trick ist nur, Möglichkeiten zu finden, es effektiv, zuverlässig, elegant und angemessen zu machen – immer wieder dasselbe Problem.

Worte und Bilder

Natürlich gibt es für dieses Spiel auch noch einen viel klangvolleren Namen. Es ist ein einfaches Beispiel für eine Fähigkeit, die man im allgemeinen »Telepathie« nennen würde. Wir aber brauchen keine glanzvolle Verpak-kung, sondern sind lediglich an dem Nutzen dessen, was wir hier tun, interessiert. Eine geistige Technologie, eine Technologie glücklicher Zufälle und Koinzidenzen. Eine Technologie, mit der Sie Ihre Fähigkeiten auf die bestmögliche Weise ausschöpfen können, ohne Rücksicht darauf, ob andere das für möglich halten oder nicht.

Alles, was wir haben, sind Informationen und ihre Interpretation. Es ist egal, woher die Informationen stammen, es liegt an Ihnen, wie Sie sie nutzen, beziehungsweise wie Sie sie erst einmal erkennen.

Besinnen Sie sich also noch einmal auf alle Dinge, die nicht so recht in Ihr konventionelles Weltbild passen wollen, und sehen Sie, ob Sie sie in irgendeiner Weise anwenden können. Es spielt keine Rolle, ob sie der Wahrheit entsprechen. Sind sie brauchbar? Wenn nicht, speichern Sie sie trotzdem irgendwo, man weiß nie, ob man sie vielleicht doch noch einmal gebrauchen kann.

Ein gutes Beispiel sind unsere Träume: ein Sumpf von Worten, Bildern, Symbolen und allem Möglichen, alles zusammen in einen großen Topf geworfen. Einiges davon könnte man getrost, wie wir es in der Computersprache tun, als »Schrott« bezeichnen. Gerade gesammelte Informationen, ein Gespräch, das Sie kürzlich mit einem Freund geführt haben, eine Fernsehsendung von gestern abend – dies alles wird, während es fein säuberlich im Gedächtnis gespeichert wird, in einen Topf geworfen und mit beliebigen Bruchstücken vermischt: Fragmente, die Ihnen zufällig wieder einfielen, als Sie sich vor drei Tagen mit jemandem unterhielten. Dies und andere Empfindungen werden von Ihnen im Schlaf zusammengebracht. Ein Windstoß, der am Fenster rüttelt, wird mit der Katze assoziiert, wie sie sich gestern lautstark bei Ihnen beschwert hat. Und wieder anderes kommt vielleicht gar nicht von Ihnen selbst, sondern vermeintlich von »außerhalb«, wie etwa irgendein Fremder, der dieses Buch liest und versucht, eine Verbindung herzustellen zwischen Marmelade zum Frühstück am letzten Dienstag und temporärem Regen in Guatemala. Ein Mischmasch aus Informationen, jede für sich zutreffend und doch nichts davon wahr, Vermischungen und Gegenüberstellungen, Korrelationen, Verbindungen, Koinzidenzen.

Wenn Sie alles ignorieren, passiert überhaupt nichts. Wenn Sie sich zu sehr anstrengen und jedes kleine Traumsymbol als eine Warnung einer höheren Instanz auffassen – wie ich das bei vielen gesehen habe –, bekommen Sie nichts weiter als Murphys Gesetz zu spüren. Der Joker wird sich auf Ihre Kosten lustig machen. Irgendwo in der Mitte liegt der Nutzen dieser ganzen Bescherung: Nasruddins Gesetz. Hier geschehen auf seltsame Weise Dinge, wundersam, unberechenbar, alle Naturgesetze scheinbar mißachtend. Sie müssen diese Dinge jedoch erst einmal sehen, beziehungsweise es zulassen, daß Sie sie sehen.

Dabei kann Ihnen das Pendel helfen. Sie sollten es sich für eine Zeitlang zur Gewohnheit machen, Ihre Träume aufzuschreiben. Sie sollten dazu immer Stift und Block am Bettrand liegen haben, denn die Bilder verschwinden aus Ihrem Bewußtsein fast genauso schnell wieder, wie sie gekommen sind. Gewöhnen Sie sich an, gleich nach dem Aufwachen Ihre Träume aufzuschreiben oder lassen Sie sich morgens mit dem Aufstehen etwas Zeit, um im Halbschlaf die Traumbilder zu rekonstruieren.

Auf diese Weise können Sie eine Liste von Bildern anfertigen, die Ihnen in der Nacht gekommen sind. Gehen Sie diese Liste mit dem Pendel durch und stellen Sie bei jedem Bild Fragen wie: »Ist dies wichtig?« Notieren Sie bei jedem Bild die Reaktion des Pendels, Ja, Nein, »Idiot« oder was auch immer. Verfolgen Sie die Bilder dann weiter, genauso wie wir das in der Übung »Fakten sammeln« getan haben. Achten Sie darauf, welche Bilder noch auftauchen, während Sie die Liste mit dem Pendel abfragen, und notieren Sie auch diese Bilder.

An dieser Stelle wird auch unser Motto »Schmal denken, weit sein« wieder wichtig. Nehmen Sie Information als Information, nicht als unveränderliche Tatsache, und seien Sie gleichzeitig offen, um den Kontext zu finden, der dieser Information ihre Bedeutung gibt. Es ist also wahr: Alles Zufall und größtenteils eingebildet. Inhalt + Kontext = Bedeutung. Manchmal wenigstens.

Mittlerweile sollten Sie schon über soviel Erfahrung verfügen, daß es Ihnen nicht mehr schwerfällt, diese Bedeutung zu finden.

WAS KOMMT DANACH?

Die Verfeinerung der Werkzeuge

Wir haben bereits eine ganze Reihe von Techniken und Anwendungsmöglichkeiten des Pendels gesehen. Einige werden Sie sofort für sich nutzen können, andere nicht. Jedenfalls vorerst noch nicht. Wir haben sogar ein wenig den theoretischen Hintergrund beleuchtet, wenn auch nur, um zu erkennen, daß Theorie nicht immer hilfreich ist. – Gut, aber was kommt jetzt?

Der erste Schritt könnte sein, das Ganze noch einmal von Anfang an durchzugehen. Der Gebrauch des Pendels macht nur Sinn, wenn Sie es tatsächlich anwenden. *Praktisch.* Es reicht also nicht, nur darüber zu lesen, sondern Sie müssen es auch *tun*. Nur dann wird es Sinn machen – vielleicht.

Dann wird es, konkret gesagt, zu einem nützlichen Werkzeug. Es sollte jedoch nicht das einzige Werkzeug bleiben, nicht zum »Vorschlaghammer« werden, der das selbständige Denken ersetzen soll. Es sollte auch ein Werkzeug sein, das man aus freien Stücken benutzen kann, und nicht eines, von dem man benutzt wird. Das wäre wirklich verrückt.

Dieses Buch soll nur ein Einstieg sein. Es gibt eine Vielzahl von Büchern über die Mantik, sowohl mit dem Pendel, als auch mit anderen Instrumenten wie Wünschelruten, mit zusätzlichen Werkzeugen und Techniken zum Gebrauch. Keines davon bietet die endgültige Antwort, die einzige Methode, es zu tun. Alles sind neue (oder zumindest andere) Möglichkeiten, das Problem anzugehen. In all diesen Möglichkeiten steckt etwas Wahres, aber keine von ihnen ist die Wahrheit für jedes Problem.

Denken Sie an unsere Richtschnur: Unsere Werkzeuge müssen effektiv, zuverlässig, elegant und angemessen sein. Eine Quelle, die noch weit ergiebiger ist als Bücher, sind Menschen. Es gibt Gruppen, Forschungsprojekte oder lokale Interessengemeinschaften, die sich mit der Materie beschäftigen. Wenn andere verrückt genug sind, um sich mit dem Pendel zu beschäftigen, dann ist es vielleicht gar nicht so verrückt, wie Sie dachten. Außerdem können Sie von anderen immer lernen. Sie können Ihre Techniken verfeinern und von anderen Unterstützung bekommen. Letztlich sind Sie natürlich immer auf sich selbst gestellt, aber die Unterstützung, die Ihnen andere zuteil werden lassen, hilft immer.

Was Sie mit dem Pendel anstellen, liegt ganz bei Ihnen. Es ist Ihr Pendel, Ihre Welt – und Ihre Verantwortung.

Realität erfinden

Wir haben einen langen Weg hinter uns. Wir haben über Werkzeuge, Markierungen und Anhaltspunkte, über positiv und negativ, über Koinzidenz und Imagination, aber auch über praktische Angelegenheiten wie etwa Abwasserleitungen gesprochen. Außerdem verfügen wir nun über einige Fertigkeiten, Intuition und Urteilsvermögen, wir können rückwärts, seitwärts und umgekehrt denken, haben einen Einblick in das Labyrinth des Paradoxen und der geistigen Akrobatik gewonnen. All das können wir in der Praxis nutzen. Wir wissen aber immer noch nicht, wie das Pendel eigentlich funktioniert. Sie können sich Ihre eigene Erklärung aussuchen, trotzdem wird es funktionieren – wenn Sie es lassen. Wichtig ist, wie es *genutzt wird*, und nicht, wie es funktioniert. Effektiv, zuverlässig, elegant und angemessen. Es liegt ganz an Ihnen, wie Sie mit sich selbst umgehen. Schaffen Sie Ihre eigene Realität. All das

nur mit einem Faden, einem wie auch immer gearteten
Gewicht und ein wenig Verstand – oder auch ohne Verstand.

Das imaginäre Pendel

Wir haben einen Großteil unserer Werkzeuge einfach in
imaginären Welten verschwinden lassen. Nun können wir
dasselbe auch mit unserem Faden und unserem Gewicht
tun und fortan nur noch mit einem imaginären Pendel
arbeiten.

Es gibt gute Gründe, das zu tun. Der beste besteht
vielleicht darin, daß das Pendeln etwas ist, das man tunlichst unter Ausschluß der Öffentlichkeit praktizieren
sollte. Wir leben immer noch in einer Zeit, in der die
Menschen sich über Dinge aufregen, die sie nicht verstehen
oder die nicht in ihre Definitionen davon passen, was
»richtig« ist und was nicht. Solche Menschen können sehr
böse werden, wenn sie sehen, wie Sie ein Pendel auf der
Straße oder gar in einer Kirche benutzen. Wenn das, was
Sie tun, nicht in ihr Weltbild paßt, macht es ihnen Angst.
Sie sollten diese Angst nicht noch unterstützen, im Gegenteil.

Dann gibt es noch einen banalen, aber nicht zu unter-
schätzenden Punkt: die Peinlichkeit. Der Gebrauch eines
Pendels scheint etwas zu sein, das man am liebsten hinter
verschlossenen Türen, im Privatbereich, zu tun pflegt. Es
gilt nicht als gesellschaftsfähig, ein wenig verrückt zu sein.
Einen Ring an einem Faden schwingend die Straße auf und
ab zu laufen ist ein sicheres und schnelles Mittel, um als
verrückt eingestuft zu werden – zumindest hat man
manchmal das Gefühl.

Schließlich gibt es noch den Aspekt der Praktikabilität.
Wenn Sie ein imaginäres Pendel mit sich herumtragen,

brauchen Sie sich nicht zu sorgen, daß Sie es verlieren, in Ihrer Manteltasche vergessen, oder daß es ein Loch in Ihrer Jackentasche verursacht. Es ist immer da. Es ist zwar vollkommen imaginär, aber trotzdem immer da.

Schaffen Sie sich ein Pendel, das an seinem Faden in der neutralen Stellung sanft hin und her schwingt. Alles ist wie immer, außer daß es nicht da ist. Es braucht auch gar nicht da zu sein. Sicher, es erfordert ein wenig mehr Aufmerksamkeit, ein wenig mehr Geschicklichkeit, die imaginäre Welt im Gedächtnis zu bewahren, aber das ist etwas, das Sie lernen können. Sagen Sie dem imaginären Pendel, daß es ein Ja signalisieren soll. Sie können es sehen, selbst wenn niemand anderer es kann, weil es ja nicht da ist. Sie können es sich vorstellen. Und wenn Sie es sich vorstellen können, können sie es auch benutzen. Es ist völlig zufällig und nun auch noch völlig imaginär, völlig im praktischen Nutzen aufgegangen. Die einzige Schwierigkeit ist, daß die Leute Sie wahrscheinlich für noch verrückter halten würden, wenn sie wüßten, daß Sie ein *imaginäres* Pendel haben. Ein wirkliches ist ja schon schlimm genug. Erzählen Sie es ihnen also lieber gar nicht erst, sondern tun Sie es einfach.

Stellen Sie sich also vor, Sie haben überhaupt kein wirkliches Pendel mehr und bekommen trotzdem dieselben Resultate in Form von Antworten auf die Fragen, die sie sich selbst stellen, dieselbe Klarheit von Ja und Nein – und »Idiot«. Fühlen Sie es in Ihren Fingerspitzen, spüren Sie es, wo immer Sie können. Am Ende ist das beste Pendel zugleich das unsichtbarste, also gar keins. Statt dessen machen Sie von sich selbst Gebrauch. Lernen Sie, ohne Ihre Krücken zu laufen. Lernen Sie bewußt zu sein, zu *wissen.*

So erschaffen Sie Realität.

Die Geschichte eines Pendlers

Vielleicht ist die beste Illustration meine eigene Geschichte.

Schon seit langer Zeit hat mich das Pendel und sein Gebrauch fasziniert. Tatsächlich schon seit meiner Kindheit. Ich bin sicher kein Meister dieses Instruments und werde es wahrscheinlich auch niemals werden. Dazu fehlt mir die Geduld, die Besessenheit, die man für eine wirkliche Meisterschaft im Pendeln braucht. Vielleicht bin ich einer von denen, die sich sagen lassen müssen: »Wer etwas kann, tut es. Wer nichts kann, lehrt es.« Aber das wäre wahrscheinlich nicht ganz fair, denn mein Interesse hat schon immer dem Studium des Lernprozesses gegolten, wie Menschen Fertigkeiten erwerben, wie sie Urteilsfähigkeit und Bewußtsein entwickeln. Lernen, wie man lernt.

Das Pendel ist für mich ein Testfall, ein Experimentierfeld. Traditionsgemäß gelten Menschen, die mit dem Pendel umgehen, als besonders talentiert. Wir haben jedoch gesehen, daß es eher eine Fertigkeit ist, die man erlernen kann. Die Grundlagen hat man in wenigen Minuten gelernt, genug, um die ersten praktischen Schritte zu unternehmen. In der Realität spielt es letztendlich keine Rolle, ob jemand mit dem Pendel umgehen kann oder nicht. Das Ganze kann genausogut als ein Trick angesehen werden, der uns lehrt, wie wir mit anderen Aspekten von uns selbst arbeiten können, die ebenfalls zu uns gehören, aber gewöhnlich brachliegen. Es spielt keine Rolle, ob ich das Pendel so beherrsche, daß ich Ihre Probleme damit lösen kann. Es ist wichtig, daß *Sie* es können. Darum dreht es sich in diesem Buch.

Ich habe zehn Jahre lang intensiv mit dem Pendel experimentiert und geforscht. Ich habe es zu den alten Menhiren und Steinzirkeln wie Stonehenge in England mitgenommen und eine Untersuchung der »Erdenergien« dieser

Orte gemacht, denn das war es wohl, was wir dort gefunden haben. Diese Untersuchungen haben mir letztlich bewiesen, wie nützlich das Pendel sein kann, aber auch wie überflüssig es eigentlich ist, wenn es nicht im Kontext eines erweiterten Wahrnehmungsfeldes gesehen wird.

Es hatte alles damit begonnen, daß wir zwei Freunde in Wales, Bill Lewis und John Williams – einen Ingenieur und einen Rechtsanwalt – besuchten, um mit ihnen über ihre Erfahrungen und ihr Verständnis der alten Steinzirkel zu sprechen. Die beiden zeigten uns, wie man die Energien in einem Ring um die Steine wahrnehmen kann. Wir konnten die Energie nicht nur in den Bewegungen des Pendels spüren, sondern direkt in den Fingerspitzen, ein Kribbeln, wie statische Elektrizität, wie ein schwacher elektrischer Schock. Manchmal war sie stark genug, um mich umzustoßen, zur Seite, weg vom Stein. Die alten Traditionen der »tanzenden Steine« wurden plötzlich spürbare Realität. Ich konnte buchstäblich in meinen Händen spüren, wie die Steine tanzten. Walisische »standing stones«, Ruinen aus grauer Vorzeit, mit Namen, die wie Glocken klingen: Llanfihangel, Maenclochog, Gors, Fawr, Bryn Celli Ddu.

Begeisterung kann ansteckend sein. Sie war es sicherlich für mich – total. Ich habe mehrere Wochen in Mittelengland in einem Wohnwagen neben einem Steinzirkel, genannt »Rollright«, gelebt, dessen Steine wundervoll treffend als »schief und verrottet wie das Gebiß eines alten Mannes« bezeichnet werden. Unterstützung bekam ich durch gelegentlichen Besuch von Freunden. Während wenige Meter außerhalb des Zirkels auf der belebten Straße der Verkehr vorüberrollte, stellte ich mit dem Pendel Veränderungen der »Polarität« fest, machte Aufzeichnungen über das Pulsieren, die Schwankungen und den Atem des Ortes.

Wir merkten, daß wir es mit etwas zu tun hatten, das nicht in der Vergangenheit einmal geschehen war, sondern

Der »Rollright« Steinzirkel

sich jetzt, in der Gegenwart, abspielte. Was ist diese Energie? Wie verändert sie sich? Wie funktioniert sie? Was steht womit in Verbindung? Wofür wurden diese Steine dort aufgestellt? Ich versuchte zu verstehen, was da vor sich ging, und merkte, daß die Angelegenheit, je länger ich sie studierte, immer komplizierter wurde. Ich verstand jedoch nicht, warum.

Ich lehrte andere, mit dem Pendel und anderen Instrumenten umzugehen und diese flüchtigen Erdenenergien zu sehen und zu spüren. Mehrere Jahre des Studiums schlossen sich an. Ich fuhr fort zu lehren, die Steine und ihre Konstellation zu beobachten, und erwartete, daß sie mir schließlich eine Antwort auf meine Fragen geben würden. Immer mehr Fragen taten sich auf. Immer mehr Orte, alte und moderne, immer mehr Energiekonstellationen über und unter der Erde wurden einbezogen. Wir fanden heraus, daß die Energien, beziehungsweise einige ihrer Nebenwirkungen, mit Hilfe von Nadeln, Skalen und anderen Geräten meßbar waren. Ultraschall, Infrarot, Mikrowellen, magnetische Mikrofelder und so weiter. Imaginäre *und* physikalische Energien gleichzeitig. Die Drachen aus dem alten Volksglauben wurden wieder lebendig, kamen ans Licht. Die Dinge wurden immer komplizierter. Wir versuchten, hinter den Konstellationen das System zu finden. Kartographieren, Aufzeichnen, Koordinieren, Lehren, Schreiben, Reden, Denken, noch mehr Denken. Wir gingen in unserem Denken wissenschaftlich vor. Eine neue objektive Wissenschaft. Neue Entdeckungen: Die Energien haben deutliche Auswirkungen auf Menschen, Pflanzen und Tiere. Wir suchten nach Möglichkeiten, mit diesen Energien umzugehen, in Form einer neuen Technologie, sie und ihre Auswirkungen zu manipulieren. Lange und intensiv dachten wir darüber nach, ob wir das tun sollten, ob wir überhaupt das Recht dazu hatten.

Wir hörten nicht auf zu versuchen, herauszufinden, worin die Konstellationen wirklich bestanden. Wir gingen mehr und mehr ins Detail und konnten doch kein Ende absehen. Der Gegenstand unserer Untersuchungen widerstand hartnäckig allen Versuchen, ihn in den Griff zu bekommen. Wie das schwache Funkeln eines Sternes verschwindet er, sobald man ihn direkt anschaut, dennoch ist er immer da.

Eines Tages versuchte ich die Energielinien unter Glastonbury Tor, mit seinem seltsamen Turm, der die Landschaft von Somerset dominiert, zu vermessen. Es waren scheinbar Hunderte von Linien, die sich ständig veränderten, alle mit verschiedenen Sinnen und Eigenschaften auf einer Wegstrecke von nicht mehr als hundert Metern. Es ergab einfach keinen Sinn.

Plötzlich kam von irgendwoher ein Lachen: der Joker... Es ergab keinen Sinn, weil es keinen Sinn ergeben konnte. Jedenfalls nicht, wenn ich immer nur in der einen Richtung suchte. Ich hatte meinen Blick zu nah auf meinen Gegenstand gerichtet, um überhaupt etwas erkennen zu können. Ich sah nur das, was ich erwartet hatte. »Man muß die Dinge nicht nur sehen, um sie zu glauben, sondern auch an sie glauben, um sie zu sehen.« Ich sah den Ort durch den Filter meiner Voreingenommenheit und meiner Vermutungen. Was ich sah, hing also zumindest ebenso von meinen Vermutungen ab, wie von dem, was wirklich da war. Es war beides: real und imaginär.

Schließlich akzeptierte ich, daß ich eben nicht »objektiv« war, denn was den Ort in meinen Augen umgab, war ebenso in mir – im Kontext dieses Ortes. Ich beobachtete und wurde gleichzeitig beobachtet. Der Ort war mein Spiegel, ein Zusammenspiel von mir selbst und den sehr realen Energien des Ortes. Was ich sah, war ich selbst.

Es war, als ob ich immer näher an einen gestrickten Pullover herangehen würde. Ich konnte die Muster erkennen, und schließlich die Muster innerhalb der Muster, und dann die Muster innerhalb der Muster innerhalb der Muster. Aber ich hatte vergessen, gleichzeitig zu sehen, wer eigentlich den Pullover anhat, geschweige denn, warum.

Indem ich so angestrengt hinschaute, sah ich überhaupt nichts. Ich strengte mich an, mein Denken wurde immer schmalspuriger, und ich war viel zu ernst bei der Sache. Das Lachen blieb auf der Strecke. Immer wieder stellte ich dieselben Fragen und hatte längst vergessen, wirklich zuzuhören. Dabei hatten die alten Steine so viel zu sagen, über Zeit, über Kontext, über das einfache Sein. Aufmerksamkeit. Wenig Denken, viel Sein. Zuhören.

Wenn ich heute einen Steinzirkel besuche, einen heiligen Brunnen oder einen Hain, dessen alte Bäume im Wind flüstern, lasse ich mein Pendel zu Hause. Statt dessen höre ich zu. Manchmal, nur manchmal, kann ich dann das Lachen der Steine hören, während sie die Schritte ihres königlichen Tanzes durchschreiten.

Das Pendel hat seinen Platz. Aber am falschen Ort ist es das falsche Werkzeug. Es kann schlimmer noch als nutzlos sein. Ein Werkzeug zum Sehen, das uns letztlich vom Sehen abhält. Am Ende spielt das Pendel überhaupt keine Rolle. Nicht die geringste. Wichtig ist das Bewußtsein, das Sie erlernen, indem Sie mit dem Pendel umgehen lernen. Tatsächlich ist es in mancher Hinsicht alles, was übrigbleibt. Sie machen von sich selbst Gebrauch. Sie *erkennen* sich selbst.

Viel Freude!

Weiterführende Literatur

Betz, Hans-Dieter: *Geheimnis Wünschelrute – Aberglaube und Wahrheit über Rutengänger und Erdstrahlen*, Umschau Verlag, Frankfurt (1990)

Devereux, Paul: »Alte Weisheit – Wissenschaft der Zukunft« in Seiler, S. (Hg.); *Gaia – Das Erwachen der Göttin*, Aurum Verlag, Braunschweig (1991)

Farkas, Boris: *Angewandte Radiästhesie*, Hermann Bauer Verlag, Freiburg (1989)

Graves, Tom: *Pendel und Wünschelrute*, Goldmann Verlag, München (1991)

Gregorius, Gregor A.: *Pendelmagie – Handbuch der praktischen Pendellehre*, Richard Schikowski, Berlin

Hesse, Gerda: *Ich lerne Pendeln für den täglichen Gebrauch*, Corona Verlag, Frankfurt/Main (1983)

Juriaanse, D.: *Das praktische Pendelbuch*, Hugendubel Verlag, München (1991)

Dr. Kaufmann, Werner: *Wasseradern, Wünschelrute, Wissenschaft und Wirklichkeit*, Lebenskunde Verlag, Düsseldorf (1979)

Kirchner, Georg: *Pendel und Wünschelrute*, Ariston Verlag, München (1988)

Knoblauch, Hubert: *Die Welt der Wünschelrutengänger und Pendler*, Campus Verlag, Frankfurt (1991)

Lonegren, Sig.: *Das Pendel-Set, Arbeitsbuch und Pendel*, Hugendubel Verlag, München (1991)

Mlaker, Rudolf: *Geistiges Pendeln*, Richard Schikowski, Berlin (1974)

Möller, Jens M.: *Geomantie in Mitteleuropa*, Aurum Verlag, Braunschweig (1990)

Nielsen, Greg: *Pendel und Energiekörper*, Heyne Verlag, München (1990)

Pennick/Devereux: *Leys und lineare Rätsel in der Geomantie,* M + T Verlag, Zürich

Pennick, Nigel: *Das kleine Handbuch der angewandten Geomantie,* Neue Erde, Saarbrücken (1989)

Roesermueller, Wilh. O.: *Das Pendel in Deiner Hand,* Karl Rohm Verlag, Bietigkeim (1987)

Seiler, Joseph: *Mit Wünschelrute und Pendel zu den faszinierendsten Entdeckungen,* Corona Verlag, Frankfurt (1983)

Spiesberger, Karl: *Der erfolgreiche Pendelpraktiker,* Hermann Bauer Verlag, Freiburg (1989)